C.H.BECK ■ WISSEN

in der Beck'schen Reihe

Friedrich der Große ist das Genie unter Preußens Herrschern – und zugleich die Inkarnation all dessen, was an Preußen fragwürdig, unheilvoll und geradezu dämonisch erscheint. Johannes Kunisch, einer der besten Kenner des Königs unter den deutschen Historikern, schildert in diesem instruktiven Band die ambivalente Persönlichkeit Friedrichs, die Stationen seines Lebens und die Epoche des Ancien Régime. Er macht dabei überzeugend deutlich, dass der berühmte Preußenherrscher sich in den Bahnen seines Jahrhunderts bewegte, aber zugleich in vielen Bereichen, etwa der Rechtsprechung und der Staatsauffassung, erstaunlich modern war.

Johannes Kunisch, bis zu seiner Emeritierung o. Professor für Neuere Geschichte an der Universität zu Köln, war u. a. Vorsitzender der Preußischen Historischen Kommission in Berlin. Er hat zahlreiche Veröffentlichungen vorgelegt, darunter auch die in mehreren Auflagen erschienene Biographie «Friedrich der Große. Der König und seine Zeit» ([5]2005)und den Band «Friedrich der Große in seiner Zeit. Essays» (2008).

Johannes Kunisch

FRIEDRICH DER GROSSE

Verlag C.H.Beck

Mit 9 Abbildungen

Originalausgabe

© Verlag C.H. Beck oHG, München 2011
Satz: Fotosatz Amann, Aichstetten
Druck und Bindung: Druckerei C.H. Beck, Nördlingen
Umschlagabbildung: Friedrich der Große.
Gemälde von Anton Graff, 1781 © akg-images, Berlin
Umschlagentwurf: Uwe Göbel, München
Printed in Germany
ISBN 978 3 406 62141 3

www.beck.de

Inhalt

Vorwort

Bekannt ist, dass sich deutsche, aber auch eine Fülle ausländischer Historiker und Schriftsteller immer wieder für den Preußenkönig interessiert haben. Es gibt eine umfangreiche, kaum noch überschaubare Spezialliteratur, die sich bis in die kleinsten Verästelungen hinein mit dieser schillernden, in vielem auch widersprüchlichen Herrscherpersönlichkeit beschäftigt hat. In dem im Anhang angefügten Literaturverzeichnis kann nur ein Bruchteil dieses unermesslichen Schatzes dem Leser zu vertiefender Lektüre an die Hand gegeben werden. Im Übrigen sollte nicht unterschlagen werden, dass sich der Autor bereits 2004 in einer größeren Monographie zum Thema dieses Bändchens geäußert hat. So versteht es sich von selbst, dass im vorliegenden Text immer wieder auf diese älteren, mit allen Quellenbelegen versehenen Studien Bezug genommen wird.

Im Mittelpunkt der erneuten Annäherung an ein großes Thema steht auch hier der Siebenjährige Krieg (1756–1763). Denn die gesamte Lebensgeschichte des Königs ist durch den militärischen Zugriff auf Schlesien im Jahre seines Herrschaftsantritts geprägt. Dieser Konflikt erreichte mit der Formierung der großen Allianz der Gegner Preußens im Dritten Schlesischen Krieg seinen Kulminationspunkt und endete 1763 mit dem «Mirakel des Hauses Brandenburg». Die kulturellen Aktivitäten des Königs, sein Mäzenatentum, sein Sammelehrgeiz beim Erwerb von Antiken, Gemälden und Tabatieren, seine Bautätigkeit, seine Kompositionen und seine Poesie, sind neuerdings mehrfach in den Vordergrund gerückt worden. Sie werden ebenfalls behandelt, aber eher am Rande und nicht im Einzelnen gewürdigt. So bilden vor allem die innen- und außenpolitischen Aspekte, also das Profil des Staatsmanns und Feldherrn, das Kernstück der hier vorzulegenden Biographie.

I. Die Dynastie und der brandenburgisch-preußische Territorienverband: Land und Leute

Als Klammer für Staat und Gesellschaft fungierte wie in den meisten zusammengesetzten Monarchien der Frühen Neuzeit die Dynastie. Sie war es, die im Laufe der Jahrhunderte – sei es durch Heirat und Erbschaft, sei es durch Waffengewalt – eine Fülle verschiedener Territorien zusammenführte, die auch im 18. Jahrhundert noch keineswegs eine Einheit darstellten. Diese Besonderheit frühneuzeitlicher Staatsbildung war auch in Brandenburg-Preußen exemplarisch ausgeprägt. Erst mit dem Erwerb der Königskrone im Jahre 1701 wuchsen die über das ganze Reich verstreuten Einzelterritorien zu einem Staatsgebilde zusammen, das durch die Dynastie, ihre Repräsentation auf der europäischen Bühne, die festgefügt erscheinende Armee und die Wahrnehmung von außen als eine Einheit empfunden wurde.

Der maßgebliche Anteil an diesem Prozess dynastischer Staatsbildung gebührt dem Ehrgeiz und dem Durchsetzungsvermögen der Kurfürsten aus dem Hause Hohenzollern. Die Hohenzollern waren als südwestdeutsches Fürstengeschlecht und als kaisertreue Burggrafen von Nürnberg 1415 mit dem Markgrafentum Brandenburg belehnt worden und gelangten so auch in den Besitz der Kurwürde, die seit der Goldenen Bulle von 1356 unter dem besonderen Schutz von Kaiser und Reich stand. Diese Kurlande wurden zur Keimzelle einer Arrondierungspolitik, die vor allem nach dem Erbfall des außerhalb der Reichsgrenzen gelegenen Herzogtums Preußen den Anspruch auf eine Königswürde zu legitimieren vermochte. In die Fußstapfen der immer stärker nach ‹Großmacht› strebenden Generationen trat Kronprinz Friedrich, der nicht zuletzt durch seine standesbewusste Geschichtsschreibung mit dieser Tradition und dem Durchsetzungswillen seiner Vorfahren vertraut war.

Das Erbteil, das ihm 1740 bei seiner Thronbesteigung zufiel, verfügte einschließlich der territorialen Zugewinne des 17. Jahrhunderts über eine Einwohnerzahl von ca. 2 240 000 Seelen. Durch die Akquisitionen Friedrichs (Schlesien, Ostfriesland und Westpreußen) erhöhte sich die Zahl um etwa zwei Millionen auf insgesamt fünfeinhalb Millionen Einwohner im Jahre 1784. Mit Ausnahme der westlichen Territorien am Niederrhein (Kleve, Mark und Ravensberg) war es ein städtearmes, also agrarisch geprägtes und vor allem dünn besiedeltes Land, das durch Verkehrswege zu Wasser (Kanäle) und zu Lande in grenzüberschreitendem Maßstab noch wenig erschlossen war. Es nahm in seiner ökonomischen Leistungsfähigkeit keineswegs eine Spitzenposition unter den Reichsterritorien ein. Vielmehr trat es als ein Land in Erscheinung, das nicht zuletzt wegen seiner territorialen Zersplitterung nur bei konsequenter Ausnutzung aller personellen und materiellen Ressourcen eine Statusverbesserung im Mächtesystem erreichen konnte.

Das Kernstück des Erbes, das Friedrich zu Beginn seiner Herrschaft antrat, bestand in einer wohlgeordneten und funktionsfähigen Verwaltung. An der Spitze der Zentralbehörden stand das 1723 nach einer persönlichen Instruktion des Vaters geschaffene Generaldirektorium, wie es vereinfachend genannt wurde, das zwei lange Zeit konkurrierende Behörden – das modernere, merkantilistisch orientierte General-Kriegskommissariat und das bodenständig wirtschaftende Domänendirektorium – in einer einzigen, nach klar umrissenen Zuständigkeiten gegliederten Oberverwaltungsinstanz zusammenführte. Es setzte zwei sich scheinbar widersprechende Prinzipien frühmoderner Herrschaftspraxis in einer für viele Jahrzehnte vorbildlichen Weise um: Verwaltungseinheit auf der einen, Ressorttrennung auf der anderen Seite. Diesem Kollegium, das seine Amtsräume im Berliner Stadtschloss hatte, wurde der gesamte Bereich der Innenpolitik einschließlich der Finanzverwaltung zugewiesen. Ferner war es für Angelegenheiten der Militärökonomie und das Kriegsproviantwesen zuständig. Es setzte sich aus vier Provinzialdepartements zusammen, wobei jede dieser Behörden zugleich auch für einige Gesamtbelange der Monarchie verantwortlich war. Es handelte sich demnach um eine für das 18. Jahrhundert noch verbreitete Mischung aus territorialer und sachlicher Zuständigkeit, obwohl die Verwaltungsreformen Friedrich Wilhelms I. als durchaus modern und in die Zukunft weisend eingeschätzt werden müssen.

Friedrich der Große, der Sohn, hat diese zentrale Regierungsbehörde im Wesentlichen unangetastet übernommen und Veränderungen nur insofern vorgenommen, als ihm eine weitere Ressortdifferenzierung unerlässlich erschien. So richtete er unmittelbar nach seinem Herrschaftsantritt ein fünftes Departement für «Commercien- und Manufactur-Sachen» ein – dieses Mal mit ausschließlich gesamtstaatlicher Zuständigkeit. Das mochte kein übermäßig origineller Gedanke gewesen sein. Er belegt jedoch, dass Friedrich mit neueren Tendenzen der Staatsökonomie – hier den Grundprinzipien des Merkantilismus – durchaus vertraut war.

Diese Zentralbehörde war ursprünglich kollegialisch verfasst, hatte ihre Beschlüsse also im Plenum zu beraten, dessen Vorsitz der König führte. Doch hat weder Friedrich Wilhelm I. noch sein Sohn jemals an den Sitzungen des Generaldirektoriums teilgenommen, sondern die letztendlich maßgeblichen Entscheidungen im Kabinett, d. h. allein im Arbeitszimmer des Monarchen, gefällt und durch Kabinettssekretäre in Auftrag gegeben – Immediatbeamten, die im Laufe der Zeit als Einzige noch den Überblick über das gesamte Regierungshandeln hatten. Dem Generaldirektorium waren als ausführende Organe die in den Provinzen tätigen Kriegs- und Domänenkammern zugeordnet und mit entsprechenden Verwaltungskompetenzen ausgestattet worden. Auf dem platten Lande regierte indessen der Landrat, ein in seinem Kreis eingesessener Adliger, der aufgrund eines althergebrachten Gewohnheitsrechts durch den lokalen Adel vorgeschlagen und in der Regel auch bestätigt wurde. Er trat vielfach in einer eigentümlich zwiespältigen Rolle zwischen den Verordnungen der landesherrlichen Obrigkeit und den Interessen des auf Autonomie pochenden gutsbesitzenden Adels in Erscheinung, hatte insofern also eine vermittelnde Funktion.

Mit den auswärtigen Angelegenheiten war das Generaldirektorium nicht befasst. Vielmehr hatte sich bereits unter Friedrich Wilhelm I. eine eigene Behörde – das sogenannte Kabinettsministerium – herausgebildet, das für den Schriftverkehr mit den auswärtigen Mächten und den dort akkreditierten Geschäftsträgern zuständig war. Der 1604 ins Leben gerufene Geheime Rat, die erste Zentralbehörde des frühmodernen Territorialstaats überhaupt, existierte als dritte der in Berlin ansässigen Behörden noch immer, war aber seit dem Großen Kurfürsten (1620–1688) nur noch auf den Bereich der Justiz und der geistlichen Angelegenheiten einschließlich des Bildungswesens beschränkt.

Mit diesem administrativen Instrumentarium wurde also im 18. Jahrhundert in einer der am weitesten entwickelten Autokratien des Kontinents Herrschaft ausgeübt. Nach neuesten Berechnungen ist zu vermuten, dass am Ende der Regierungszeit Friedrichs des Großen in den Kriegs- und Domänenkammern aller Provinzen 300 Beamte vom Präsidenten bis zum Referendar beschäftigt waren. Wenn man die Steuer- und Landräte hinzuzählt, ergibt sich für die Gesamtmonarchie ein Kreis von ca. 500 Amtsträgern, die den königlichen Willen vollstrecken sollten. Das mag man viel oder wenig nennen; festzuhalten ist jedoch, dass mit diesem Apparat die Autorität der Krone in einem beträchtlich angewachsenen und weitverstreuten Land erheblich zugenommen hat. Nur in Teilbereichen allerdings wie der Fürstenresidenz und der Armee konnte sie sichtbar gemacht werden. Für die Gesamtepoche dieser Form autokratischer Herrschaft hat sich in der Historie frühzeitig schon der Begriff «Absolutismus» eingebürgert, um dem in den Quellen vielfach dokumentierten Willen der Fürsten zu einer unumschränkten Ausübung ihrer monarchischen Gewalt Rechnung zu tragen. Er hat sicherlich den Nachteil, nur die höchste Ebene eines komplexen Entwicklungsprozesses zu charakterisieren. Aber seine Verwendung scheint doch insofern sinnvoll und angemessen, als er die der Intention nach *absolute* Monarchie von einer ausdrücklich *eingeschränkten*, der *monarchia limitata* oder *monarchia mixta,* wie sie in der Staatslehre der Zeit bezeichnet wurde, zu unterscheiden ermöglicht. Im Sinne einer unerlässlichen Distinktion grundlegender Epochenphänomene erscheint der Gebrauch des Absolutismusbegriffs aber auch deshalb geboten, weil nur so der Übergang zur konstitutionellen Monarchie des 19. Jahrhunderts markiert werden kann.

Die Gesellschaft war auch im Ancien Régime noch in drei Geburtsstände gegliedert, wobei ungeachtet aller regionalen Unterschiede und vielfach fließender Übergänge an den überlieferten Statuskriterien Adel, (Stadt-)Bürger und Bauer festgehalten werden muss. Hinzu kamen die unterständischen Landeseinwohner, die den überwiegenden Teil der Gesamtbevölkerung ausmachten. Zwischen der grundbesitzenden Aristokratie und dem freien Bauernstand gab es zahlreiche Interessenkonvergenzen. In den mittleren und östlichen Territorien war es freilich der Gutsherrschaft infolge der Umwälzungen des Dreißigjährigen Krieges gelungen, die Bauern weitgehend in Erbuntertänigkeit und Leibeigenschaft herabzudrücken, so dass die Dominanz des Adels unangefochten war.

Von größter Bedeutung war jedoch, dass der Landesherr selbst über einen beträchtlichen Grundbesitz verfügte und sich die Nutzung der agrarisch erschlossenen Flächen mit dem Adel teilte. Beim Herrschaftsantritt Friedrichs betrug der landesherrliche Anteil hochgerechnet etwa ein Viertel der Anbaufläche. Dabei gab es naturgemäß große Unterschiede in den Provinzen. Im Herzogtum Preußen etwa war das Übergewicht der Krondomänen am stärksten ausgeprägt, während in der Kurmark und in Pommern die Besitzverhältnisse zwei zu eins zugunsten adliger Gutsherrschaften zu veranschlagen sind. Noch unter Friedrich Wilhelm I. war es das Bestreben des Landesherrn, den Domänenbesitz der Krone so weit wie möglich auszudehnen und damit die Autonomie des Königs gegenüber den Partikulargewalten zu stärken. Nachdem aber der latente Machtkampf mit den Ständen zugunsten der Zentralgewalt entschieden war und immer deutlicher wurde, dass der König auf die Mitwirkung adliger Funktionsträger in Diplomatie, Militär und Staatsadministration angewiesen war, vollzog sich im Verhältnis von Landesherr und gutsbesitzendem Adel ein grundlegender Wandel.

Friedrich hat mehrfach programmatisch geäußert, dass der Adel in seiner Rolle als Führungselite nicht nur geschützt, sondern auch in seinem Besitzstand gefördert werden müsse. So versuchte er, einer Überschuldung der Rittergüter entgegenzuwirken. Als eine Schwierigkeit erwies sich dabei, dass zwischen der Zahl der im Lande verfügbaren Rittergüter und den etwa 20 000 Adelsfamilien, die es zu erhalten galt, eine erhebliche Diskrepanz bestand. Und da es überdies mit der Standesauffassung des Adels nicht vereinbar war, sich – von Ausnahmen abgesehen – in bürgerlichen Berufen ebenso wie in Handel und Gewerbe zu betätigen, kam es in Preußen zu einer allgemeinen Verarmung des Adels. Immerhin gelang es dem König durch obrigkeitliche Verordnungen, bürgerliche Aufsteiger vom Erwerb überschuldeter Rittergüter fernzuhalten und insofern zur Stabilisierung einer aristokratischen Standesidentität beizutragen.

Ganz in der Konsequenz dieser Einhegungsmaßnahmen lag es, dass sich der König auf Abweichungen von den althergebrachten Ebenbürtigkeitskonventionen nur in Ausnahmefällen einließ. So versuchte er, besonders im Offizierkorps Eheschließungen zwischen Partnern ungleichen Standes, also Mesalliancen, zu verhindern, um auch auf diesem Weg den exklusiven Status des Adels zu sichern. In Fragen der Nobilitierung der um die Monarchie verdienten Bürgerlichen hielt er sich – etwa im Gegensatz zum Wiener Kaiserhof – in bemerkenswerter Weise zurück. Insofern war der Kreis derer, die man in Frankreich als *plume* oder *noblesse de robe* bezeichnete, im friderizianischen Preußen sehr begrenzt. Erstaunlicherweise führte diese Abgrenzungspolitik des Königs jedoch nur in Ausnahmefällen zu Verweigerung und Resignation. Sie förderte vielmehr – sicherlich unbeabsichtigt – die Ausprägung eines bürgerlichen Standesbewusstseins, das sich nicht zuletzt auch in der Bildung von Vereinigungen wie der Berliner Mittwochsgesellschaft manifestierte. Es war getragen von der Zuversicht, dass in Preußen auch ohne standesbedingte Legitimation etwas in Staat und Gesellschaft verändert werden könne, eine soziale Umwälzung also nicht erforderlich sei, wie sie in Frankreich beinahe zeitgleich durch die Fundamentalkritik an Monarchie und Adelsherrschaft erzwungen wurde.

Eigentümlich ist das Schwanken des Königs zwischen der unveränderten Privilegierung des Adels und der aufgeklärten Erkenntnis, dass alles in einem Staat gefährdet ist, wenn die Geburt über Leistung und Verdienst obsiege. Hier stießen wie in vielen anderen Bereichen des absolutistischen Fürstenregiments Handlungsmotive aufeinander, deren strukturelle Unvereinbarkeit im Ancien Régime nicht überbrückt werden konnte. So stand dem kategorischen Imperativ sozialer und humanitärer Reformen das Eingeständnis gegenüber, dass eine Durchsetzung dieser Prinzipien den Zusammenbruch einer Staats- und Wirtschaftsordnung bedeutet hätte, in der der Adel nun einmal eine tragende Rolle spielte. Der Herrscher müsse ein Gleichgewicht zwischen den Interessen der Bauern und der Edelleute herstellen, hatte Friedrich in seinem *Politischen Testament* von 1752 gefordert. «Aber das kam», wie Theodor Schieder äußert, «der Quadratur des Zirkels gleich.» So blieben die Reformbemühungen des Königs deklamatorischer Überbau ohne grundlegende Durchschlagskraft auf die realen Verhältnisse. Auch ein anderer, zu radikalen Reformen entschlossener Herrscher wie Kaiser Joseph II. stand vor diesem Dilemma. Ungeachtet der Omnipotenz ihres Herrschaftsanspruchs fanden jedoch weder Friedrich noch Joseph einen Weg, um zu einem Ausgleich dieser widerstreitenden Konzepte zu gelangen.

Ähnlich unpräzise muss auch der Begriff des Bauern verstanden werden. Freie, d. h. keinem Grundherrn in dinglicher oder persönlicher Abhängigkeit verpflichtete Landwirte, gab es im friderizianischen Preußen in nennenswerter Zahl nur in den entlegenen Gebieten Ostpreußens und Litauens. Der Grundtypus bäuerlicher Existenz war durch Erbuntertänigkeit und Schollengebundenheit gekennzeichnet, und zwar sowohl im Bereich adliger Grundherrschaft als auch in den Krondomänen. Untertänigkeit auf dem Lande bedeutete, dass dem Grundherrn die Gerichtsbarkeit über seine Hintersassen, die Polizeigewalt und das Kirchenpatronat zustand. Im Übrigen war der Grundherrschaft die Heiratserlaubnis und die Zustimmung zu einem (vermutlich nur theoretisch denkbaren) Dienst- und Ortswechsel vorbehalten. Hinzu kamen als obligatorische Dienstverpflichtung die das ganze feudale Wirtschaftssystem konstituierenden Abgaben und Fronen, die Hand- und Spanndienste und andere Leistungen, die sich in bestimmten Jahreszeiten über mehrere Tage in der Woche erstrecken konnten.

Dieses starre System sozialer Untertänigkeit, das besonders in den ostelbischen Territorien vorherrschend war, wurde durch die Meliorations- und Kultivierungsmaßnahmen aufgebrochen, die Friedrich während seiner gesamten Regierungszeit in großem Stile durchführen ließ. In diesen neu hinzugewonnenen Gebieten wurden häufig im Ausland angeworbene Kolonisten angesiedelt, die sich nur durch Privilegien und gezielte Eximierungen dazu bewegen ließen. Diese Neusiedler wurden den Erbzinsbauern gleichgestellt, die vor allem in der Altmark, im Magdeburgischen und in Niederschlesien ansässig waren. Ihnen gehörte der Hof ungeachtet gewisser Dienstleistungsverpflichtungen gegenüber dem Grundherrn «erb- und eigentümlich». Ferner wurden die Erben nicht in das für die Gestellung von Rekruten geschaffene Kantonsystem einbezogen, blieben also vom Militärdienst ausgenommen. In Bereichen neubesiedelter Gebiete gab es also auch in den brandenburgischen Kernlanden abgeschwächte Formen bäuerlicher Untertänigkeit.

Zwischen diesen beiden Polen des frühneuzeitlichen Feudalsystems war das breite Spektrum derjenigen Landeseinwohner angesiedelt, die nach geburtsständischen Kriterien weder zum Adel noch zum Bauernstand gerechnet werden konnten: das Bürgertum. Dazu zählten reich gewordene Unternehmer, Kaufleute und Bankiers ebenso wie Beamte, Geistliche und Gelehrte. Der überwiegende Teil des Bürgertums war jedoch in Handwerk und Kleinhandel tätig, blieb also von einer Entwicklung unberührt, die durch Manufakturunternehmen großen Stils in Gang gesetzt wurde. Sie waren in der Regel unter staatlicher Regie eingerichtet worden und beschäftigten eine immer schneller wachsende Zahl von Arbeitskräften. Das Handwerk dagegen war nach wie vor in Zünften und Innungen organisiert und litt unter zunehmender Verkrustung.

Das Bürgertum lebte über das ganze Land verstreut vor allem in den Städten, die zwar ihren autonomen Status durch die kon-

sequente Einbeziehung in die obrigkeitliche Steuerverwaltung
eingebüßt hatten, ihre Bedeutung als Umschlagplatz für Agrar-
produkte und Kleingewerbeartikel aber behalten hatten. Das
Zentrum bürgerlichen Lebenswandels bildeten jedoch die Residenzen mit ihren beträchtlich expandierenden Behörden und
ihrer auch ökonomischen Bedeutung. Im Offizierkorps gab es
für Bürgerliche allenfalls in technischen Randbereichen gewisse
Entfaltungsmöglichkeiten. Auch die höheren Ränge der Landesadministration einschließlich der Jurisdiktion waren dem Adel
vorbehalten. Nur einer von 20 der unter Friedrich ernannten
Kabinettsminister war bürgerlicher Herkunft. Erst auf der Stufe
der Vortragenden Räte des Generaldirektoriums und in den Pro-
vinzialbehörden – in Bereichen also, in denen Sachkompetenz in
besonderer Weise gefragt war – wuchs der Anteil bürgerlicher
Funktionsträger. Er erreichte gerade unter Friedrich dem Großen einen Stand, der das Kontingent adliger Ministerialbeamter
um ein Vielfaches überstieg. Alle diese Statusentscheidungen an
der Schnittstelle zwischen Adel und Bürgertum waren im Ancien
Régime dem obrigkeitlichen Ermessen überlassen und wurden
in Preußen – wie erwähnt – äußerst restriktiv zugunsten des
Adels gehandhabt.

Einen beträchtlichen Zuwachs an personeller und geistiger
Substanz hatte das Bürgertum durch die Zuwanderung der
Refugiés aus Frankreich nach der Aufhebung des Toleranzedikts
von Nantes im Jahre 1685 (Édit de Fontainebleau) zu verzeichnen. Bis 1699 hatten etwa 14 000 Hugenotten den Weg nach
Brandenburg-Preußen gefunden, davon allein 5682 nach Berlin.
Die französische Kolonie machte 1724 fast 9 % der Berliner Gesamtbevölkerung aus. Durch entsprechende Edikte war diesen
Glaubensflüchtlingen die völlige Gleichstellung mit den Landes-
einwohnern und eine Fülle weitreichender Privilegien zugestanden worden. Sie bildeten in erstaunlich kurzer Zeit nicht nur ein
Element kultureller und ökonomischer Bereicherung, sondern
auch einen Faktor, der durch ständeübergreifende Homogenität
und Weltläufigkeit der Gesamtgesellschaft zahlreiche Impulse
vermittelte.

Im Gegensatz zu den Hugenotten stand die jüdische Gemeinde

auch in Preußen am Rande der Gesellschaft. In Berlin lebten im Jahre 1750 2188 Juden; das entsprach 1,93 % der städtischen Gesamtbevölkerung. Die Obrigkeit war dieser Minderheit gegenüber zu keinen Zugeständnissen bereit. Man war vielmehr darauf bedacht, die fiskalischen Belange des Staates zu wahren und die hohen und vielfach diskriminierenden Steuerabgaben, die den Juden auferlegt wurden, rigoros einzutreiben. Der berufliche Spielraum jüdischer Landeseinwohner war mit wenigen Ausnahmen auf den Bereich von Geldgeschäften beschränkt. Sie betätigten sich als Bankiers, Finanzmakler und als Geld- und Pfandverleiher – teilweise sogar in großem Stil – und gelangten trotz der hohen Brisanz ihrer Berufstätigkeit zu Wohlstand und Ansehen. Immerhin gab es im Jahre 1749 in Berlin 119 jüdische Großunternehmer und mit Moses Mendelssohn einen Mann jüdischen Glaubens, der in Lessings Schauspiel *Nathan der Weise* zur Leitfigur einer von Aufklärung und Toleranz inspirierten Humanitätsidee aufsteigen konnte. Der Status der Juden blieb im friderizianischen Preußen gleichwohl auf Randbereiche des öffentlichen Lebens verwiesen und von einem tiefverwurzelten Misstrauen geprägt, das gerade den König immer wieder zu abfälligen Äußerungen veranlasste.

Sicherlich kam der Kirche auch im 18. Jahrhundert noch eine wichtige Integrationsfunktion zu. Nach der offiziellen Option des Landesherrn zugunsten des lutherischen Bekenntnisses im Jahre 1540 schien die Konfessionsfrage für Brandenburg entschieden. Der aus territorialen Ansprüchen am Niederrhein resultierende Übertritt Kurfürst Johann Sigismunds zum Calvinismus im Jahre 1613 führte jedoch dazu, dass das Herrscherhaus mit seinem höfischen Umfeld und die lutherische Landeskirche in konfessioneller Hinsicht getrennte Wege gingen, obwohl die Kirchenadministration in den Händen der Landesobrigkeit verblieb. Das führte im Dreißigjährigen Krieg und bei den Friedensverhandlungen von Münster und Osnabrück zu erheblichen Irritationen, galt doch im Reich im Prinzip noch der Grundsatz: *cuius regio, eius religio.* Trotz der vom Herrscherhaus abweichenden Konfession bildete sich im lutherischen Protestantismus eine ausgeprägte «Staatsfrömmigkeit» heraus, die auch einem jeder Form kirchlicher Orthodoxie skeptisch gegenüberstehenden Herrscher wie Friedrich zugutekam.

Einen starken Reformimpuls erhielt das Luthertum besonders in Preußen durch den Pietismus. Er fand mit der Gründung der Universität Halle im Jahre 1694 einen geistigen Mittelpunkt und hat unter dem Einfluss von Theologen wie Philipp Jakob Spener und August Hermann Francke mit den Franckeschen Stiftungen eine Institution hervorgebracht, die im Sinne innerer Einkehr und tätiger Nächstenliebe in zahlreichen Bereichen von Bildung und Fürsorge tiefgreifende Reformen in Gang setzte und bei der Einrichtung von Schulen, Arbeitshäusern und einer Fülle anderer Wohlfahrtseinrichtungen schließlich landesweit federführend war. Diese Institutionen waren der Obrigkeit insofern von Nutzen, als sie eine alle Schichten der Bevölkerung erfassende Reglementierung anzustreben und einen an philanthropischen Wohlfahrtsideen orientierten Staatszweck zur Geltung zu bringen ermöglichten. Alle diese mit organisatorischem Geschick, einem unerschöpflichen Erfindungsreichtum und der umsichtigen Einflussnahme auf den Soldatenkönig gegründeten Anstalten erfüllten jede auf ihre Weise ein religiös fundiertes Erziehungskonzept und dienten einer dem Gemeinwohl verpflichteten Sinnstiftung. Eine neue Generation von Pfarrern und Feldpredigern, von Ärzten und Apothekern, von Beamten und Offizieren ging aus ihnen hervor. Sie waren Vertreter einer Berufsauffassung, die für das friderizianische Preußen charakteristisch und über das Zeitalter des Absolutismus hinaus prägend geworden ist.

Mit den territorialen Zugewinnen Friedrichs in Schlesien und Westpreußen erweiterte sich das konfessionelle Spektrum der Gesamtmonarchie erheblich. So wuchs schon mit der Annektierung des gegenreformatorisch geprägten Schlesien die Zahl katholischer Untertanen auf ein rundes Fünftel an; sie erhöhte sich noch einmal mit dem Erwerb der östlich angrenzenden Gebiete nach der ersten Teilung Polens, wobei vor allem das Bistum Ermland preußisch wurde. Dieses Nebeneinander der Konfessionen und die grundlegende Verschiedenartigkeit der Kirchenverfassungen forderten schon aus Gründen staatlicher Effizienz und Homogenität eine religiöse Toleranz, die im 18. Jahrhundert ungeachtet fortbestehender Ressentiments gegen die römische Kirche zur Staatsmaxime erhoben wurde und ein wichtiges Element jenes Vorsprungs darstellte, den das Preußen der Aufklärungszeit gegenüber Konkurrenten wie Frankreich und Österreich zu gewinnen vermochte.

Die Staatsfinanzen hatten durch den unerbittlich sparsamen Friedrich Wilhelm I. konsolidiert werden können – eine Leistung, die auch der Thronfolger immer wieder gewürdigt und bewundert hat. Das Staatseinkommen wurde durch eine konsequente und im Ancien Régime einzigartige Thesaurierungspolitik von 3,4 Millionen im Jahre 1713 auf 6,9 Millionen Taler im Jahre 1740 gesteigert, so dass Friedrich bei seinem Herrschaftsantritt nicht nur über einen ansehnlichen Staatsschatz von ca. 8,7 Millionen Talern, sondern auch über eine an Haushaltsdisziplin gewöhnte und vortrefflich eingewiesene Finanzverwaltung verfügte. Er besaß also Handlungsspielräume, die zu einer schnellstmöglichen Ausnutzung der *conjonctures favorables* geradezu einluden.

Eine alte Tradition hatte in Brandenburg-Preußen der systematische Ausbau der das Land durchquerenden Wasserstraßen zwischen den großen Lebensadern der Oder und Elbe. Mit diesen verkehrstechnischen Erschließungsmaßnahmen sollte der Binnen- und Zwischenhandel mit Massengütern wie Getreide, Holz, Salz, Wachs und Pottasche ohne fiskalische Beeinträchtigungen durch fremde Mächte ermöglicht werden. Die Kernprovinzen verfügten bereits im 18. Jahrhundert über ein binnenländisches System von Schifffahrtswegen, das zur Vermeidung hoher Zollgebühren die Oder mit der Havel und diese wiederum mit der Elbe verbunden hatte und Berlin zu dem in der ganzen Monarchie führenden Knotenpunkt von Handel, Gewerbe und industrieller Produktion machte. Auch in dieser Hinsicht knüpfte Friedrich an bewährte Modernisierungsmodelle an und erweiterte nach der Erwerbung Westpreußens das Schifffahrtsnetz um eine Kanalverbindung zwischen Weichsel und Oder.

Die preußischen Territorien am Niederrhein verfügten bereits seit vielen Generationen über eine leistungsfähige und exportorientierte und deshalb autonome Leinen- und Seidenfabrikation, der nach 1740 durchaus konkurrenzfähige Textilprodukte aus Schlesien zur Seite traten. Da der König bestrebt war, möglichst alle, vor allem für die Armee notwendigen Manufakturzweige in Preußen anzusiedeln, um von kostspieligen Importen unabhängig zu sein, kam der Textilherstellung eindeutige Priorität zu. Eine Gewerbestatistik aus dem Jahre 1769 dokumentiert, dass in allen Landesteilen (mit Ausnahme Schlesiens) 83 % der Manufakturarbeiter in der Textilindustrie beschäftigt waren, vor allem in der den Massenbedarf bedienenden Woll- und Leinenfabrikation.

Bedeutsam sind überdies die Versuche Friedrichs, auch Luxusartikel in heimischer Produktion herzustellen und auf den Markt zu bringen. Bereits im 17. Jahrhundert hatte es überall in Europa Bestrebungen gegeben, weißes und undurchsichtiges Tafelgeschirr, wie es aus China-Importen bekannt war und als exklusiver Luxusartikel geschätzt wurde, aus eigenen Werkstätten anzubieten. Sachsen war hier vorangeschritten und hatte in Meißen eine staatlich geförderte Porzellanmanufaktur eröffnet, die in Kunstfertigkeit, Geschmack und Dekor bald den europäischen Markt beherrschte. Friedrich, der während der Schlesischen Kriege mehrfach in Meißen Quartier nahm, wollte auch auf diesem Sektor einer hochentwickelten Luxusindustrie seinen Konkurrenten nicht nachstehen. Nach ersten glücklosen Versuchen in den fünfziger Jahren beauftragte der König 1760 den als Hoflieferant und Finanzberater bewährten Johann Ernst Gotzkowsky, sich um die Gründung einer Porzellanmanufaktur in Berlin zu kümmern, die dann 1763 als Königlich Preußische Porzellanmanufaktur (KPM) in staatliche Regie übernommen wurde.

Besonders die Deckung des Heeresbedarfs war von entscheidender Bedeutung für die Entwicklung der preußischen Infrastruktur. Auch sie war eine Angelegenheit obrigkeitlicher Planung und Reglementierung und bildete das Rückgrat der einheimischen, durch Absatzgarantien und Schutzzölle privilegierten Manufakturbetriebe. Da konkurrenzfähige Waffen früher nur auf auswärtigen Märkten, d. h. in fremder Währung beschafft werden konnten, war Preußen darauf angewiesen, den Heeresbedarf zusätzlich auch durch eigene Rüstungsbetriebe wie etwa die Spandauer Gewehrfabrik zu decken. Geschütze, Artillerie-munition und Mörsergranaten mussten nach wie vor über Heereslieferanten vor allem aus Schweden und Holland be-schafft werden, wobei auffällig ist, dass dieser Bereich der Staats-ökonomie in den Quellen offenbar aus Geheimhaltungsgründen weitgehend ausgespart blieb. Einige dieser königlichen Unter-nehmen wurden dann von privaten Fabrikanten weitergeführt. So leiteten die Kaufleute Splitgerber und Daun, die zu den be-deutendsten Unternehmern der friderizianischen Epoche zähl-ten, zeitweise acht solcher Staatsbetriebe. Zugleich waren sie als Finanzmakler des Königs besonders im internationalen Geld- und Geschäftsverkehr tätig. Um die Versorgung der Armee jederzeit sicherstellen zu können, wurden überall in den Provinzen Maga-zine errichtet, die neben Rohstoffen zur Wollverarbeitung vor allem mit Getreidevorräten versorgt wurden. Diese von Staats wegen angelegten Speicher dienten aber nicht nur militärischen Zwecken, sondern erwiesen sich im Laufe der Jahre auch als ein wirkungsvolles Instrument zur Steuerung des einheimischen Getreidepreises, die sowohl den Verbrauchern als auch den Er-zeugern auf dem Land zugutekam.

Die militärische Führungsschicht war in Preußen ein exklusi-ver Kreis, der in besonderer Weise von adligem Standesbewusst-sein geprägt war. Überall in Europa gab es vergleichbare Er-scheinungsformen. Doch nirgends sonst musste dieses Elite-bewusstsein gegen einen sich zunächst verweigernden Adels-stand durchgesetzt werden. Es führte unter Friedrich Wilhelm I. und besonders unter Friedrich dem Großen zur Formierung einer Militäraristokratie, die in dem für Staat und Monarchie geleisteten Kriegsdienst eine Steigerung ihres Sozialprestiges zu sehen sich angewöhnte. Das sozialgeschichtlich überaus nach-haltige Ergebnis dieser Dienstverpflichtung war es schließlich, dass die Offizierslaufbahn immer selbstverständlicher als eine Standespflicht aufgefasst wurde. Dabei wurden die überlieferten korporativen Strukturen des Adels auf das Offizierkorps über-tragen und für den Verhaltenskodex militärischer Führungs-eliten verbindlich gemacht. In zahlreichen programmatischen

Äußerungen hat der König das Kriegshandwerk des Offiziers als *métier d'honneur* bezeichnet. Im Vergleich zur mächtepolitischen Friedfertigkeit des Vaters hat die Kriegspolitik Friedrichs den Prozess der Militarisierung von Staat und Gesellschaft außerordentlich beschleunigt.

Es ist sicherlich verfrüht, an dieser Stelle bereits eine Bilanz zu ziehen. Aber unverkennbar ist, dass in dem Staat, dessen Herrschaft Friedrich im Jahre 1740 antrat, Potentiale steckten, die zu nutzen für einen Prinzen, der sich frühzeitig schon zu Höherem berufen fühlte, eine besondere Herausforderung darstellte. Er hat sich nach einer Phase heroischer Selbststilisierung schließlich ganz in den Dienst dieses Vermächtnisses gestellt und nicht geruht, um den unverändert gefährdeten Fortbestand des Hauses Brandenburg zu sichern. Darin mag etwas von der Größe liegen, die ihm schon von den Zeitgenossen zuerkannt wurde. Mit der alleinigen Verfügung über dieses so wenig homogene Land, einer bereits effizient arbeitenden Verwaltung und der bestens gerüsteten Armee fing also alles an, was die Herrschaftsausübung des Königs bestimmen sollte. Neben der vorwärtsdrängenden Unrast und der Dynamik, die den Lebensweg Friedrichs so nachhaltig geprägt hat, gab es jedoch auch Verhaltensmuster, die eindeutig die Signatur des Ancien Régime trugen und durch Stillstand und Stagnation gekennzeichnet sind. Bei aller Wendigkeit und einem hochentwickelten Wahrnehmungsvermögen blieb er doch zugleich auch Sachwalter eines Ordnungssystems, das spätestens mit der Revolte der englischen Kolonien in Nordamerika im Jahre 1775 nicht mehr unangefochten war.

2. Die Jugendgeschichte und der Kronprinzenprozess

Friedrich wurde am 24. Januar 1712 im Berliner Stadtschloss geboren. Er hatte ältere Geschwister, von denen außer seiner Schwester Wilhelmine alle früh verstorben waren. Der Vater des Kronprinzen, Friedrich Wilhelm I., hatte bereits bei seiner

Antoine Pesne:
König Friedrich
Wilhelm I. (1729)

Thronbesteigung im Jahre 1713 ein Regierungsprogramm vor
Augen, das sich von dem seines Vorgängers, des ersten Königs *in*
Preußen, grundlegend unterschied. Die Taufe des Neugeborenen
wurde noch einmal mit einem Aufwand gefeiert, den sich Friedrich I. dem neuerworbenen Rang seines Hauses schuldig zu sein
glaubte. Er dekorierte das Kind sogleich mit dem aus Anlass der
Krönung gestifteten Orden vom Schwarzen Adler und nahm mit
gravitätischem Stolz die Glück- und Segenswünsche der befreundeten Potentaten entgegen. Dieses ganz dem hochbarocken
Hofzeremoniell entsprechende Fest war die letzte «Solennität»,
die in Preußen im Stile einer Herrschaftsauffassung gefeiert
wurde, die schon der Sohn, entschiedener aber noch der Enkel,
Friedrich II., ablehnen und beiseiteschieben sollte.

Die Mutter, Königin Sophie Dorothea, stammte aus dem
Hause Hannover und war eine Schwester König Georgs II., der
seit 1727 in England regierte. Sie trat majestätisch und zutiefst

Antoine Pesne:
Königin Sophie
Dorothea (1737)

durchdrungen von ihrem königlichen Rang in Erscheinung und
galt als ausgesprochene Schönheit. Sie war ehrgeizig, intrigant
und in dynastischer Hinsicht unerbittlich standesbewusst. Ob
dem Heranwachsenden in seiner Kindheit jemals mütterliche
Zuwendung und Wärme zuteilgeworden ist, mag trotz einer
ausgeprägt familiären Atmosphäre im Umkreis Friedrich Wilhelms I. zweifelhaft erscheinen. Spätestens seit die dynastischen
Ambitionen der Königin in Bezug auf ihre Kinder abgewiesen
und enttäuscht worden waren, trat jedenfalls zutage, dass besonders der Kronprinz und seine Schwester Wilhelmine lediglich
Werkzeuge eines machtpolitischen Kalküls waren, das ständig
häusliche Konflikte und gelegentlich auch heftige Auseinandersetzungen heraufbeschwor.

Der Kronprinz wurde zunächst der Fürsorge einer Unter-
gouvernante, der Madame de Rocoulle, anvertraut, die bereits
die Erzieherin des Königs selbst gewesen war. Als Friedrich vier
Jahre alt geworden war, trat an ihre Stelle ein *précepteur,* Jacques

Egide Duhan de Jandun, ein hugenottischer Refugié, dem sich der Kronprinz auch nach seiner Thronbesteigung verbunden fühlte. Zwei Jahre später traten als Erzieher noch zwei Offiziere hinzu, die vor allem für die militärischen Belange zuständig sein sollten. Der König wies sie persönlich an, dem damals Sechsjährigen die «wahre Liebe zum Soldatenstand» einzuflößen und ihn anzuleiten, wie ein «Officier und General zu agiren». Neben der Gottesfurcht gebe es nichts, was ein fürstliches Gemüt mehr zum Guten antreiben und vom Bösen abhalten könne, «als die wahre Gloire und Begierde zum Ruhme, Ehre und zu der Bravour».

Das Militärische lag dem Prinzen zunächst in keiner Weise. Er war zum Verdruss des Königs ein scheues und «hasenfüßiges» Kind, das sich vor dem Abfeuern von Kanonen fürchtete. Der Argwohn des Königs konnte schon im Kindesalter nur beschwichtigt werden, wenn ihm hinterbracht wurde, dass Friedrich «kein Feigling mehr», sondern «ein tapferer Junge» zu sein versprach. Aber mehr als das Kriegsspiel, dem er sich bis in die späte Kronprinzenzeit hinein nur widerwillig und gezwungenermaßen widmete, dürfte den Heranwachsenden angesprochen haben, was ihm der König hinsichtlich der Ruhmbegierde vermittelt hat. Denn in seiner Instruktion wurde ungeachtet aller sprachlichen und begrifflichen Unbeholfenheit ein Leitbild entworfen, das schon wenige Jahre später als geistiger Besitz des Kronprinzen betrachtet werden kann. Wahrscheinlich war es auch Duhan, der die hier angeschlagenen Grundakkorde in eine Vision umzusetzen verstand, die bereits einem Kind konkrete Vorstellungen von dem einmal auszuübenden Herrscheramt nahebrachte. «Die heroischen Tugenden und glänzenden Eigenschaften», bekannte Friedrich in seinem Nachruf auf Duhan, den er 1746 vor der Königlichen Akademie der Wissenschaften verlesen ließ, «welche wir so lieben und ganz Europa bewundert, zeigen, wie sich der erlauchte Zögling den Unterricht seines Lehrers zunutze zu machen verstand, und die Freundschaft, mit welcher dieser Fürst denselben stets geehrt hat, beweist zugleich, dass die Gabe zu unterrichten die zu gefallen nicht ausschließt.»

Man hatte offenbar viel Mühe, um den Kronprinzen zum Lernen anzuhalten. Ungeklärt ist dabei die Frage, ob die Unwilligkeit des Zöglings aus der völligen Reglementierung seiner Studien resultierte oder ob die bis ins kleinste regulierte Aufsicht über den Tagesablauf darauf zurückzuführen war, dass eine Erziehung anders nicht möglich erschien. Aber vieles spricht dafür, dass sich der Kronprinz unabhängig davon, was ihm geistig und körperlich zugemutet wurde, einem Erziehungsdruck ausgesetzt sah, dem er auch physisch kaum standzuhalten vermochte. Und es war der König in Person, der die Einhaltung des streng geregelten Stundenplans zu erzwingen versuchte.

Das der Natur eines Kindes zweifellos nicht im Geringsten entsprechende Erziehungskonzept legte die Wurzeln für die tiefe Entfremdung zwischen Vater und Sohn. Bereits in dieser Frühphase zeichnete sich ab, dass der Thronfolger sich aus Furcht vor dem väterlichen Unwillen ständig zu verstellen begann und das Soldatenspiel, das ihm besonders verhasste Jagdhandwerk und das Exerzieren mit seiner Kadettenkompanie nur mit wohlkalkuliert vorgetäuschter Begeisterung absolvierte. Umso größer war die Enttäuschung, als der König immer wieder erkennen musste, dass der Sohn offensichtlich eigene Wege ging und sich mit zunehmender Verschlossenheit seiner Aufsicht entzog. So trug er heimlich eine Bibliothek von beinahe viertausend Bänden zusammen, die vor allem französische Autoren des *grand siècle* und die Hauptwerke der neueren Philosophie und Staatslehre umfasste. Aber auch Zeitgenossen wie Voltaire faszinierten ihn bereits zu dieser Zeit. Freilich konnte dem misstrauisch bleibenden Vater auf die Dauer nicht entgehen, dass sich der Kronprinz ein Refugium zu verschaffen suchte, in dem er seinen wirklichen Interessen nachgehen konnte. So wurden die Bücher entdeckt und umgehend verkauft.

Am 1. Mai 1727 ernannte der König den Thronfolger zum Hauptmann in seinem Leibregiment und forderte ihn auf, sich in seiner engsten Umgebung aufzuhalten und nur mit Militärpersonen Umgang zu pflegen. Zugleich wurde der Militärdienst intensiviert. Darüber hinaus veranlasste das Eingeständnis der Erzieher, dass Friedrich in seinem religiösen Engagement keine Fortschritte mache, den König, die Verdoppelung der entsprechenden Unterweisungen anzuordnen. Dem Thronfolger wurde jede Reise untersagt. Er durfte den König nur auf einige Inspektionsreisen in die entlegeneren Provinzen der Monarchie begleiten. Eine Ausnahme bildete der vierwöchige Besuch des königlich-kursächsischen Hofes in Dresden im Januar und Februar 1728. Und hier geschah, was der König bei der Erziehung des Thronfolgers immer zu verhindern versucht hatte: die Berührung mit einem höfischen Szenarium, das in seinem strahlenden Glanz, seiner verlockenden spielerischen Leichtigkeit und der atemlosen Aufeinanderfolge von Komödien und Balletten, von Galadiners und Redouten, Maskeraden und Feuerwerken als grandioses, die Sinne betörendes Schauspiel empfunden werden musste. Aber allen Befürchtungen des Vaters zum Trotz hat sich der Kronprinz von der Pracht und den Ausschweifungen dieses höfischen Spektakels nicht beirren lassen. Bei allem Widerwillen gegen die Kargheit des eigenen Hauses und das grobianische Auftreten des Vaters hatte er offenbar akzeptiert, den militärischen Dienst und die Anforderungen täglicher Pflichterfüllung als eine Aufgabe zu betrachten, der er sich zu entziehen nicht berechtigt war. Er hatte ungeachtet seiner wachsenden Indifferenz in religiösen Fragen Maßstäbe kennen gelernt, die ihn zu Askese und Pflichtbewusstsein anhielten.

Dennoch: Die Zusammenstöße zwischen Vater und Sohn häuften sich in dramatischer Zuspitzung. Der Ton zwischen beiden wurde lauter und verletzender. Schließlich verlor der Vater vollständig die Contenance. Er ließ sich in seinem «furchtbaren Hass», wie es Friedrich empfand, zu Schlägen und Misshandlungen hinreißen und stellte den Sohn in hemmungslosem Jähzorn nicht nur vor den Offizieren seines Regiments, sondern auch vor der Dienerschaft bloß. Dabei schrie er ihn an und gab ihm in provozierender Verächtlichkeit zu verstehen, dass er sich totgeschossen hätte, wenn er so von seinem Vater behandelt worden wäre; doch er, Friedrich, lasse sich ja alles gefallen. Das waren nicht mehr nur aus dem Affekt geborene Entgleisungen, sondern offenkundig Versuche, den Kronprinzen in seinem Selbstgefühl und seiner persönlichen Würde vernichtend zu treffen.

Zur Vollständigkeit des Bildes gehört indes, dass sich der Kronprinz für die Kränkungen, die ihm beinahe täglich zugefügt

Georg Wenzeslaus von
Knobelsdorff: Friedrich
als Kronprinz (um 1735)

wurden, durchaus schadlos zu halten wusste und die Wutaus-
brüche des Vaters geradezu heraufbeschwor. Denn je mehr er
sich auf der einen Seite eingeschüchtert zurückzog, desto vorlau-
ter und übermütiger wurde er auf der anderen. So mokierte er
sich in spitzen und leichtfertigen Bemerkungen über den König,
seine auf Sparsamkeit erpichte Herrschaftsauffassung und besonders die bizarren Formen der Geselligkeit, vor allem während der Jagdsaison in Königs Wusterhausen. Der beißende und
hinterhältige Spott, den nicht nur der Kronprinz, sondern auch
seine ältere Schwester Wilhelmine mit dem Vater trieben, konnte
bei aller Heimlichkeit dem König auf die Dauer nicht verborgen
bleiben. Wie vielfach überliefert ist, kränkte den König die Zu-
rückweisung durch den Sohn außerordentlich und stürzte ihn
immer wieder in tiefe Ratlosigkeit und Zerknirschung. Insofern
hat auch die Aufsässigkeit Friedrichs erheblich zur Vergiftung
des gegenseitigen Verhältnisses beigetragen.
  Die Spannungen in der königlichen Familie bekamen freilich

bald auch eine politische Dimension. Das Szenarium dieser zunehmenden Politisierung war der Hof, der sich selbst im Preußen des Soldatenkönigs nicht gänzlich gegen die Sphäre des Hauses im engeren Sinne abgrenzen ließ. Zwar hatte sich Friedrich Wilhelm geschworen, das Parteien- und Intrigenspiel, wie es am Hofe des Vaters geherrscht hatte, in seiner Umgebung ein für alle Mal zu unterbinden. Dennoch hatte er nicht verhindern können, dass sich Gruppen und Lager bildeten, die die Politik des Königs in gegensätzlicher Weise zu beeinflussen versuchten. So gab es eine entschieden kaiserlich gesinnte Partei, an deren Spitze der österreichische Feldzeugmeister Friedrich Heinrich von Seckendorff, ein dem König engvertrauter Ratgeber, stand. Ihm gelang es, ein feinmaschiges Netz von Informanten einzurichten und vor allem den einflussreichsten unter den Ministern des Königs, den General Friedrich Wilhelm von Grumbkow, durch hohe Bestechungsgelder auf seine Seite zu ziehen. Grumbkow war ein Mann von exzellenter Bildung, politischem Weitblick und einer Skrupellosigkeit, die in bemerkenswertem Kontrast zu der strengen, von antihöfischen Affekten geleiteten Amts- und Herrschaftsauffassung des Soldatenkönigs stand. Er wusste den außenpolitisch unsicher agierenden König jahrelang geschmeidig und virtuos zu lenken und dabei seinen persönlichen Vorteil so geschickt zu nutzen, dass ihm die Gunst und Wertschätzung des Landesherrn bis zu seinem Tod im Jahre 1739 erhalten blieb.

Auf der anderen Seite des Parteienspektrums am preußischen Hof standen die Königin und ein ansehnlicher Kreis von Familien und Persönlichkeiten, die ihren Plänen gewogen waren. Sophie Dorothea hatte zunächst im Einvernehmen mit ihrem Gemahl eine Doppelheirat ihrer beiden älteren Kinder mit einem Prinzen und einer Prinzessin aus dem in England regierenden Welfenhaus ins Auge gefasst. Sie hatte offenbar die Hoffnung, durch die Verbindung ihrer Kinder mit den welfischen Verwandten wieder etwas von dem Glanz und der Lebensfreude zurückzugewinnen, die sie am Berliner Hof so schmerzlich vermisste. Dabei zog sie frühzeitig schon die beiden Kinder ins Vertrauen und versuchte, sie in einem intriganten Spiel gegen die Pläne des Vaters zu vereinnahmen. Nach der Hinwendung der preußischen

Politik zum Kaiserhof im Jahre 1726 gerieten die Verhandlungen mit London jedoch ins Stocken, zumal die ursprünglichen Heiratspläne auch durch die Wiener Diplomatie mit professioneller Ranküne hintertrieben wurden.

Der Kronprinz hatte zu dieser Zeit aber offenbar nur den Wunsch, über das Heiratsprojekt ein Stück jener Freizügigkeit zu erlangen, die ihm der Vater verwehrte. Vielleicht genoss er es auch, erstmals im Mittelpunkt eines hochpolitischen Geschehens zu stehen, von dem man ihn bislang fernzuhalten versuchte. Er war plötzlich einbezogen in die konspirative Geschäftigkeit der beiden Parteien und vermochte, sich in den Sondierungen der Diplomaten sehr geschickt und scheinbar unverfänglich aus der Affäre zu ziehen. Dennoch ist unverkennbar, dass dieser von der Mutter mit allen Mitteln vorangetriebene Heiratsplan das Verhältnis zu seinem Vater noch einmal schwer belastet hat. Statt das spielerische, im Grunde noch völlig unpolitische Auftreten des Kronprinzen mit Gelassenheit zu betrachten, wähnte der König in dem undurchsichtigen Verhalten des Sohnes eine konspirative Infragestellung seines Machtanspruchs und seiner gesamten Politik.

Aus dieser sich zuspitzenden Konfrontation entstand der Fluchtplan des Kronprinzen. Als er während des «Lustlagers» von Mühlberg-Zeithain, das König August der Starke zu Ehren seiner preußischen Nachbarn im Mai und Juni 1730 veranstaltete, erstmals mit dem Gedanken an eine Flucht spielte, waren das noch chimärische Hirngespinste. Aber nun ging Friedrich mit planmäßiger Entschlossenheit daran, sich dem Zugriff des väterlichen Tyrannen zu entziehen und in England dem Wunsch der Mutter gemäß um die Hand der Prinzessin Amalie anzuhalten. Dabei traten die im Grunde abwiegelnden Sondierungsgespräche mit den Diplomaten hinter dem in höchster Erregung gefassten Entschluss zurück, dem unerträglich gewordenen Zwang und den Nachstellungen des Vaters zu entkommen. Schon frühzeitig hatte er sich mit diesem Plan dem Leutnant Hans Hermann von Katte vom Regiment *gens d'armes* anvertraut – einem Freund von unbekümmert impulsivem Temperament, dem sich der Kronprinz auch durch eine Reihe musischer

Interessen verbunden fühlte. Als sich dann im Mai 1730 abzeichnete, dass der König in Begleitung einer kleinen Reisegesellschaft zu einem Besuch einiger süd- und westdeutscher Fürstenresidenzen aufzubrechen gedachte, stand fest, dass Friedrich ungeachtet mangelnder Vorbereitungen und strengster Beobachtung die Flucht ergreifen und über Frankreich nach England übersetzen wollte.

Die Reiseroute führte über Ansbach und Ludwigsburg an den Rhein. Unterwegs wurde im Dorfe Steinsfurt an der Straße nach Sinsheim Station gemacht und in dürftig hergerichteten Scheunen übernachtet. Friedrich hatte seinen Pagen Keith angewiesen, am Morgen des 5. August mit zwei Pferden vor dem Quartier zu erscheinen. Doch als der Kronprinz auf die Straße trat, wurde er von dem zu seiner Bewachung beorderten Oberstleutnant von Rochow und anderen Mitgliedern der Reisegesellschaft bereits erwartet. Er wurde augenblicklich in Gewahrsam genommen und unter strengster Aufsicht nach Wesel auf preußisches Territorium vorausgeschickt. Dann begannen die Verhöre, die in der Oderfestung Küstrin, wohin man den Arrestanten bringen ließ, unablässig fortgesetzt wurden.

Eine in Abwesenheit des Königs tagende Untersuchungskommission wurde eingesetzt, die Klarheit über die Absichten und den Tathergang des Komplotts bringen sollte und dem Landesherrn regelmäßig und detailliert zu berichten hatte. In einem Schlussverhör wurde dem Kronprinzen dann am 16. September ein aus 185 Artikeln bestehender Fragenkatalog vorgelegt, dessen letzter, vom König selbst geschriebener Abschnitt (Artikel 179–185) über die Vernehmung im engeren Sinne hinausging und bereits die politischen Konsequenzen ins Auge fasste, die aus einer Verurteilung des fahnenflüchtigen Gardeoffiziers zu ziehen waren. So sollte der Thronfolger danach befragt werden, welche Strafe er für seine Missetat erwarte. Dann sollte er Auskunft darüber geben, welche Strafe ein Mensch verdiene, «der seine Ehre bricht und zur Desertion complot macht». Aber der Kernpunkt war vermutlich die in Artikel 183 gestellte Frage: «Ob er meritire, Landesherr zu werden?»

Hier wurde für den Kronprinzen wahrscheinlich zum ersten

Mal die ganze Tragweite der Krise sichtbar, die er mit seinem Fluchtversuch heraufbeschworen hatte: die Frage der Thronfolge. Scheinbar unvermittelt wurde dann in Artikel 184 Auskunft darüber verlangt, ob Friedrich sein Leben geschenkt haben wolle oder nicht. Im letzten Artikel folgte schließlich die Verknüpfung beider Fragen mit dem suggestiven und offenbar wohlkalkulierten Hinweis auf einen Ausweg aus der von Reichs wegen festgelegten Erbfolge. Wenn er, der Kronprinz, sich durch Verletzung seiner Ehre «der Sukzession unfähig gemacht hätte», so stelle sich die Frage, ob er die Thronfolge abtreten wolle, «um sein Leben zu erhalten». Es waren also weitreichende, für Friedrich außerordentlich bedrohliche Konsequenzen, die der König aus seinem Fluchtversuch zu ziehen beabsichtigte.

Friedrich verteidigte sich mit einer Schlagfertigkeit, die bereits die Untersuchungskommission überraschte und beeindruckte. So vermied er es etwa mit großem Geschick, sich auf die Ehrenrührigkeit seines Verhaltens einzulassen. Auf die Frage, ob er Landesherr zu werden verdiene, antwortete er ebenso ausweichend wie entwaffnend: «Er könne sein Richter nicht sein.» Und mehrfach – so auch bei der Auskunft auf die Frage – ob ihm das Leben geschenkt werden möge – erwiderte er, dass er sich der Gnade und dem Willen des Königs «submittire».

Vielfach wich er aber auch – so in der heiklen Angelegenheit des Thronverzichts – einer präzisen Antwort aus. Aber insgesamt wird deutlich, dass der Kronprinz nun keinen anderen Ausweg mehr sah, als sich dem Votum des Vaters bedingungslos zu unterwerfen.

Ein dem Protokoll beigefügtes Gnadengesuch Friedrichs zerriss der König und verfügte noch am 16. September, den Arrestanten in verschärfte Verwahrung zu nehmen. Es waren bis ins Detail vorgeschriebene Haftbedingungen, die dem Kronprinzen jetzt auferlegt wurden. Es folgten für Friedrich Wochen schrecklicher Ungewissheit und tiefer Zerknirschung. Schon nach wenigen Tagen, die er in vollkommener, grausam strenger Abgeschiedenheit zu verbringen hatte, bat er darum, sich der Untersuchungskommission noch einmal mitteilen zu dürfen. Aber erst am 11. Oktober erschienen die Kommissare erneut in

Küstrin, an ihrer Spitze Grumbkow, der nach dem Fluchtversuch Friedrichs uneingeschränkter denn je das Vertrauen des
Königs genoss und im geheimen Einvernehmen mit Seckendorff
die preußische Politik maßgeblich zu beeinflussen wusste.

Offenbar war es dem Kronprinzen inzwischen Ernst mit
seinem Schuldbekenntnis. Er erkannte, dass er bei der despoti-
schen Konsequenz, mit der der Vater seine Unterwerfung zu erreichen versuchte, einer Bestrafung nicht entgehen würde, und
bat lediglich noch darum, im Falle eines Todesurteils von langer
Ungewissheit verschont zu bleiben. Auch in den Thronverzicht
willigte er ein, wenn er dadurch das Wohlwollen des Königs
zurückgewinnen würde. Sicherlich tragen diese unter dem Eindruck einer entwürdigenden Haft erzwungenen Eingeständ-
nisse Züge tiefer Gewissensnot und aufkeimender Resignation.
Gleichwohl hat es den Anschein, als wenn Friedrich ungeachtet
der nochmaligen Verschärfung seiner Haftbedingungen weit
davon entfernt war, sich und seine Sache aufzugeben. Denn
offenbar war es ihm gelungen, die vom Vater für seine Verurteilung eingesetzte Kommission so sehr für sich einzunehmen, dass
er bereits die Bitte vorzutragen wagte, wieder Uniform tragen zu
dürfen – ein Ansinnen, auf das der König mit reflexhafter Empörung reagierte.

Am 22. Oktober setzte der König ein Kriegsgericht ein, das
über das weitere Schicksal des Kronprinzen und seiner Mitver-
schwörer entscheiden sollte. Nicht der König also als Souverän
und Quelle allen Rechts wollte in dieser Angelegenheit das letzte
Wort haben. Vielmehr war es offenkundig seine Absicht, das
Vergehen des Kronprinzen nicht als eine dynastische oder fami-
liäre Verfehlung erscheinen zu lassen, sondern als eine Straftat,
die unter militärischen Gesichtspunkten zu bewerten und abzu-
urteilen war. Das war der Tatbestand, der nach preußischem
Kriegsrecht mit dem Tode geahndet werden konnte. Der König
behielt also auch bei Wahrung eines streng geregelten Verfahrens die Möglichkeit, eine harte Bestrafung durchzusetzen.

Das Gericht erklärte sich in der Hauptsache des Prozesses jedoch für nicht zuständig. Es stellte übereinstimmend fest, dass es
sich hier um «eine Staats- und Familiensache» handele, in die sie

als Offiziere, Vasallen und Untertanen einzugreifen nicht berechtigt seien. Unterschiedliche Auffassungen herrschten dagegen im Falle des Leutnants Hans Hermann von Katte, dem einige die Todesstrafe, andere aber ewige Festungshaft zuerkannten. Friedrich Wilhelm war mit diesem Urteil nicht einverstanden und ordnete an, dass das Gericht erneut zusammentreten und ein anderes Votum abgeben müsse. Das Kollegium blieb jedoch bei allem ehrerbietigen Respekt bei seinem Spruch, ohne dass sich der König seinerseits beirren ließ. So erging am 1. November 1730 das Todesurteil über Katte, das auf Anordnung des Königs in Küstrin in Gegenwart des Kronprinzen vollstreckt werden sollte.

Der Kronprinz, dem sich Katte ebenso offenherzig wie berechnend angeschlossen hatte, wird in der Kabinettsordre des Königs in seltsamer Zwielichtigkeit lediglich als die «künftige Sonne» erwähnt. Dem König mag unbeschadet der Eifersucht, mit der er vorher schon den Thronfolger betrachtet hatte, in den Monaten nach dem Fluchtversuch erst ganz bewusst geworden sein, welche Sympathien der 18-jährige, offenkundig hochbegabte und so unendlich viel gewinnendere Kronprinz in der Familie, der Armee und sogar im Ränkespiel der Höfe genoss. Er mochte vielen wirklich wie die aufgehende Sonne erscheinen. Aber dass das über Katte verhängte Urteil auch etwas mit dem Kronprinzen zu tun hatte, wird aus den Instruktionen ersichtlich, die der König dem Generalmajor von Lepel, dem Gouverneur der Festung Küstrin, hinsichtlich der Exekution des Leutnants von Katte erteilte. Er wies ihn an, dass der zum Tode Verurteilte unter dem Fenster des Kronprinzen hinzurichten sei. «Bevor die Execution [durch das Schwert] angehet, sollt Ihr, der Obriste Reichmann, und ein Capitain oben bei den Kronprinzen gehen, und in meinem Namen Ihm befehlen, es mit anzusehen.» Entsprechend eindeutig waren auch die Anweisungen, die der Vater dem Feldprediger Johann Ernst Müller vom Regiment *gens d'armes*, der zur Betreuung des Kronprinzen nach Küstrin entsandt wurde, mit auf den Weg gab.

Die Hinrichtung Kattes war demnach ein Strafgericht, das sich ganz unmittelbar auch gegen den Kronprinzen richtete. Es sollte ihn zu einer grundsätzlichen Umkehr bewegen. Die lücken-

los überlieferten Briefe und Instruktionen geben in ihrer raschen
Aufeinanderfolge deutlich zu erkennen, dass der König in seinem auf beklemmende Weise entrückten Refugium im Schloss
von Königs Wusterhausen die Fäden fest in der Hand hielt und
während des gesamten Verfahrens nichts anderes zu erreichen
bestrebt war, als den Thronfolger endgültig auf die Knie zu nötigen. Das erreichte er nicht mit den Bußpredigten des Feldgeist-
lichen, sondern durch die befohlene Anwesenheit des Kronprinzen bei der Hinrichtung. Erst am Morgen des 6. November hatte
man ihn von der Vollstreckung des Urteils unterrichtet und dann
gezwungen, vom Fenster seiner Arrestzelle der Exekution bei-
zuwohnen. Außer sich vor Entsetzen versuchte Friedrich noch,
einen Aufschub der Hinrichtung zu erreichen, jedoch ohne
Erfolg. Während der Freund hingerichtet wurde, brach Friedrich
zusammen und erholte sich nur langsam von diesem Schock.
Der Feldprediger Müller befürchtete sogar, dass er «wegen anhal-
tender und zunehmender Traurigkeit» in eine schwere Gemüts-
krankheit fallen werde.

Wenige Tage später wurde der Kronprinz angewiesen, in der
Küstriner Kriegs- und Domänenkammer von morgens bis
abends Verwaltungsarbeiten unter der Aufsicht neuernannter
Begleitpersonen zu erledigen, unter ihnen der Kammerjunker
Karl Dubislav von Natzmer, und sich in der Ökonomie und in
Polizei-Sachen kundig zu machen. Zuvor aber wurde ihm eine
Eidesleistung abverlangt, der zufolge er sich unter Androhung
erneuter drakonischer Strafen vollkommen dem königlichen
Willen zu unterwerfen habe. Erst nach Wochen und Monaten
bedrückender Eintönigkeit und fortwährender Ermahnungen
ließ sich der König am 14. Mai 1731, an seinem Geburtstag, zu
einem Wiedersehen mit dem Thronfolger herbei. Er erschien in
Küstrin in Begleitung von Grumbkow, seinem Generaladjutan-
ten und dem Gouverneur von Küstrin. Und obwohl ihm Friedrich sogleich zu Füßen fiel, nutzte er das erste Zusammentreffen
nach einem Jahr, um dem Sohn erneut ins Gewissen zu reden.
Dabei unterstrich der König noch einmal in autokratischer
Selbstgewissheit, dass noch niemand etwas gegen seinen Willen
auszurichten vermocht habe. Als der Vater dann zum Schluss

seiner Philippika erklärte, dass er das Geschehene nunmehr zu vergeben gedächte, fiel der Sohn schluchzend auf die Knie und küsste dem Vater noch einmal die Füße. Daraufhin schloss ihn der Vater in die Arme.

Aus Anlass der Vermählung seiner Schwester Wilhelmine mit dem Markgrafen von Bayreuth durfte er im November 1731 erstmals nach seinem Fluchtversuch nach Berlin reisen und wurde auf Fürsprache der Generalität wieder in die Armee aufgenommen. Sosehr sich Friedrich zunächst gegen das Kriegshandwerk gesträubt hatte: Jetzt, da er die «Galeere» (Küstrin) endgültig zu verlassen hoffen durfte, empfand er es als Wiederherstellung seiner Reputation, wieder Offizier zu sein und nicht mehr zu jenen tintenklecksenden, meist bürgerlichen Zivilbeamten gezählt zu werden, die im Staate des Soldatenkönigs letztlich doch nur als Kanaillen und Subalterne eingeschätzt wurden.

Eine erneute, schwere Belastung des mühsam hergestellten Einvernehmens zwischen Vater und Sohn brachte die jetzt anstehende Frage der Heirat. Sehr frühzeitig fiel die Wahl des Königs ganz dem Konvenienzkalkül seines Hauses entsprechend auf Elisabeth Christine von Braunschweig-Bevern, eine Nichte der Kaiserin, die auf Seckendorffs Insinuationen hin auch von der Wiener Hofburg als Gemahlin des Thronfolgers empfohlen wurde. Dieser hatte zwar zugesagt, die Entscheidung des Vaters zu respektieren, sich dann aber Grumbkow gegenüber in einer Flut von heftig aufbegehrenden Briefen über die «stumme Hässlichkeit» der Braut entrüstet und angekündigt, dass er sie nach seinem Herrschaftsantritt verstoßen werde. Nach seiner Entlassung aus der Küstriner Verbannung traf er am 26. Februar 1732 im Kreise der Familie zum ersten Mal mit der «Person» zusammen und fand sie am Ende sogar ganz «hübsch». «Sie hat», gestand er seiner Schwester Wilhelmine, «einen blühenden Teint und feine Züge, so dass ihr Gesicht schön zu nennen ist [...]. Ich lege sie Ihnen, teure Schwester, ans Herz und hoffe, sie werden sie unter Ihren Schutz nehmen.» Am 12. Juni 1733 fand auf Schloss Salzdahlum bei Wolfenbüttel die Hochzeit statt, bevor das Paar ein eigenes Palais in unmittelbarer Nähe des Berliner Schlosses bezog.

Einen noch wichtigeren Einschnitt im Leben des Kronprinzen bedeutete jedoch der Erwerb der unweit von Ruppin gelegenen Herrschaft Rheinsberg, die Friedrich in den folgenden Jahren zu einer bescheidenen, aber durchaus ansehnlichen Dreiflügel-anlage ausbauen ließ. Nicht die gravitätische Geste höfischer Repräsentation stand hier im Vordergrund, sondern ein epikure-isch-heiteres Lebensgefühl, für dessen unbeschwerte Entfaltung der Schlossherr den angemessenen Rahmen zu schaffen wünschte. Der südliche Flügel des Schlosses mit dem kammerartigen Turm-zimmer im Mezzanin, das einen Blick auf den Griericksee und den Park ermöglichte, stellte mit dem Schreibkabinett und der Bibliothek die eigentliche Privatsphäre des Kronprinzen dar; hier widmete er sich seinen Studien, seinen Kompositionen und der nun immer deutlichere Konturen annehmenden Schriftstel-lerei. Hinzu trat der mit einem Deckenfresko von Antoine Pesne geschmückte Marmorsaal mit den angrenzenden Kabinetten – ein zentral gelegenes Ensemble, das der Tafelrunde, den Tanz-vergnügungen und dem gemeinsamen Musizieren vorbehalten war. Dieses Raumprogramm trägt bereits unverkennbar die Züge einer neuen, philosophisch inspirierten Herrschaftsauffas-sung und weist in seiner allem Pompösen entsagenden Leichtig-keit bereits auf die Atmosphäre des Schlossbaus von Sanssouci hin.

Von Bedeutung für den schöngeistigen Glanz der Rheinsber-ger Zeit war darüber hinaus, dass für die kurze Spanne weniger Jahre auch Frauen in die Geselligkeit einbezogen waren. So hat Friedrich vielen der jungen Damen seines Musenhofes in über-schwänglichen Versen und Gedichten gehuldigt. Nur seine Ge-mahlin fehlt unter den Angebeteten, obwohl gerade auch sie zu dem lebensfrohen Grundakkord, der diese Periode geprägt hat, das Ihre beigetragen haben muss. Elisabeth Christine verfügte indessen trotz der Anmut und Frische, in der sie Pesne als Kron-prinzessin gemalt hat, über keine Reize, die den Ehemann län-gerfristig zu fesseln vermochten. Nach seiner Thronbesteigung und der Auflösung der Rheinsberger Hausgemeinschaft schenkte Friedrich ihr das Schloss Niederschönhausen im Nordosten der Residenz, wo sie sich den Gepflogenheiten des Ancien Régime entsprechend einen eigenen Hofstaat einrichtete. Spätestens seit 1741, als der König im Alter von 29 Jahren seinen jüngeren Bruder August Wilhelm zu seinem Thronerben erklärte, scheint festgestanden zu haben, dass Kinder aus der Ehe mit Elisabeth Christine nicht mehr zu erwarten waren.

Im Mittelpunkt der autodidaktischen Studien, denen sich Friedrich in Rheinsberg widmete, stand zunächst die Moralphilosophie Christian Wolffs, eines deutschen Naturrechtslehrers, den er sich in einer französischen Version zu erschließen hoffte. Friedrich beschäftigte sich zunächst mit den 1719 erstmals erschienenen *Vernünftigen Gedanken von Gott, der Welt und der Seele des Menschen.* Er las mit der Feder in der Hand, um sogleich anstreichen und aufzeichnen zu können, was ihm wichtig und bedenkenswert erschien – so auch beim Studium von Geschichtswerken wie Montesquieus *Considérations* über die Ursachen der Größe und des Niedergangs der Römer (Amsterdam 1734). Nach diesem an einen Text angelehnten Rezeptionsverfahren sind mehrere Kommentare entstanden, die er vielfach als Handexemplare für einen ausgewählten Leserkreis auch drucken ließ. Langfristig entscheidender war freilich der Einfluss Voltaires, an den sich der Kronprinz am 8. August 1736 zum ersten Mal in einem Handschreiben gewandt hatte. Aus dieser Beziehung zweier das Jahrhundert prägenden Persönlichkeiten ist eine Korrespondenz von etwa 800 Briefen hervorgegangen. Sie ist nicht einmal vollständig überliefert und bewegt sich in großer Themenvielfalt und Spontaneität zwischen Tiefschürfendem und launig hingeworfenen Artigkeiten. Aber vor allem gewann Friedrich in Voltaire jenen Mentor, der ihn in das Universum der *philosophes* und der *belles lettres* einführte und der trotz aller Widersprüche und Auseinandersetzungen bis ins hohe Alter der Maßstab aller Dinge blieb. Und in der Tat – kein anderer verkörperte vollkommener als er jene Prinzipien, die mit dem Begriff Aufklärung zu erfassen versucht worden sind: ihre analytische Schärfe und Klarheit, ihre kämpferische Vernunftidee, ihre rhetorische Eleganz und ihre eigentümliche Verbindung eines konstruktiven, vorurteilsfreien Denkens mit dem praktischen Interesse an der Beförderung der menschlichen Wohlfahrt.

Jean-Antoine Houdon:
Voltaire (1778)

Insofern war es für Friedrich eine große Herausforderung, sich an einen ebenso umstrittenen wie vielumworbenen, in ganz Europa bewunderten Autor zu wenden und ihn um Belehrung und Dialog zu bitten.

3. Die Eroberung Schlesiens und ein trügerischer Friede

Der Tod des Vaters am 31. Mai 1740 bedeutete eine tiefe Zäsur im Leben Friedrichs. Nicht nur, dass er nun den Thron bestieg und die Landesadministration sogleich mit erstaunlich souveräner Selbstverständlichkeit in die Hand nahm. Auch umgab er sich von einem auf den anderen Tag mit einem neuen Beraterkreis. Viele der Vertrauten der Rheinsberger Tafelrunde traten nun in den Hintergrund, während viele der unter dem Regiment des Vaters Bewährten im Amte blieben. Einen grundlegenden Wandel des mächtepolitischen Koordinatensystems hatte jedoch vor allem der Tod Kaiser Karls VI. und der Herrschaftsantritt seiner Tochter Maria Theresia am 20. Oktober 1740 zur Folge. Friedrich hatte schon in seinem Essay *Considérations sur l'état présent du corps politique de l'Europe* von 1737 Überlegungen darüber angestellt, welche Konstellation sich aus diesem Ereignis für Preußen ergeben könnte. Er zeigte sich bereits damals entschlossen, beim Ableben des Kaisers in das mächtepolitische Geschehen einzugreifen und seine Interessen selbst zu vertreten. Er fürchte, schrieb er, dass man ihm sogar «zu viel Verwegenheit und Lebhaftigkeit» vorwerfen werde. «Wer weiß, ob die Vorsehung mich nicht ausersehen hat, um ruhmreichen Gebrauch von den Vorbereitungen zu machen, die der Weitblick des Königs für den Krieg getroffen hat.» Seine Vermutung sollte sich bewahrheiten.

Mit dem Tod des Kaisers schien der Augenblick für die «hommes hardis et entreprenants» gekommen, die der Verfasser des *Antimachiavell* dafür geboren hielt, zu handeln und die Welt zu verändern. «Jetzt ist der Zeitpunkt einer völligen Veränderung des alten Systems der Politik», schrieb Friedrich am 26. Oktober 1740 an Voltaire, «der Stein ist losgetreten, der in der Vision des Nebukadnezar auf die vier Metalle stürzte und alle zermalmte.» In einer beim Einmarsch in Schlesien veröffentlichten Verlautbarung klingt bereits das auch später verwendete Grundmotiv einer Schutzmaßnahme an. Sie sollte Friedrich, noch bevor das als unausweichlich eingeschätzte Feilschen um das habsburgische Erbe einsetzte, eine Provinz sichern, deren Erwerb durch womöglich besser legitimierte Rivalen wie Bayern und Sachsen unter allen Umständen verhindert werden sollte.

Auch in einem Brief an seinen Onkel, den englischen König Georg II., äußerte er noch vor dem Einmarsch in Schlesien, dass das Haus Österreich im Begriffe sei, «unter den Zugriffen derer zusammenzubrechen, die öffentlich ihre Ansprüche auf die Nachfolge geltend machen und heimlich den Plan verfolgen, einen Teil des Erbes an sich zu reißen. Und da ich infolge der geographischen Lage meiner Länder das größte Interesse daran habe, die Folgen eines solchen Vorgehens abzuwenden und vor allen Dingen denen zuvorzukommen, die es auf Schlesien, das Bollwerk vor meinen Ländern, abgesehen haben, war ich gezwungen, meine Truppen in das Herzogtum zu entsenden. Ich will damit nur verhindern, dass andere sich seiner bemächtigen, was meinen Interessen Abbruch tun und höchst nachteilig für die berechtigten Ansprüche sein könnte, die mein Haus schon immer auf den größten Teil des Landes gehabt hat. Mein einziger Zweck ist die Erhaltung und der wahre Nutzen des Hauses Österreich» für die eigenen Ziele.

Am 15. November 1740 nahmen die Entwürfe des Königs konkrete Gestalt an. Er wies die Berliner Regimenter an, sich in einem Scheinmanöver in Richtung auf Halberstadt in Bewegung zu setzen. «Ich gedenke», schrieb er an seinen Kabinettsminister Podewils wohlgemut und siegesgewiss, «meinen Schlag am 8. Dezember auszuführen und das größte Vorhaben (eine Winterkampagne!) zu beginnen, das jemals ein Fürst aus meinem Haus unternommen hat. Leben Sie wohl, mein Herz verheißt mir gute Vorzeichen und meinen Truppen glückliche Erfolge.» Er kehrte von Rheinsberg noch einmal nach Berlin zurück und brach am 13. Dezember nach Frankfurt an der Oder auf, um am 16. Dezember «den Rubikon» zu überschreiten und nach Schlesien vorzudringen. Der Vormarsch seiner beiden Armeekorps stieß praktisch auf keine Gegenwehr. Als die Truppen die Winterquartiere bezogen, war bis auf wenige Festungen das gesamte Land in preußischer Hand. Dennoch war der Widerstand der Österreicher keineswegs gebrochen. Vielmehr stand eine Schlachtentscheidung an, die den Fortgang der Schlesienexpedition des Königs bestimmen musste. Das Treffen, das am Nachmittag eines frostklaren Apriltages bei der südlich von Breslau gelegenen Ortschaft Mollwitz stattfand, brachte die preußische Infanterie zunächst in größte Bedrängnis. In dieser unübersichtlichen und außerordentlich bedrohlich erscheinenden Situation wagte es Feldmarschall Schwerin, den König zu beschwören, das Schlachtfeld zu verlassen und sich in Sicherheit zu bringen. Was Friedrich bewogen hat, diesem Rat zu folgen, ist unbekannt. Jedenfalls ergriff er angesichts eines offenbar nicht mehr abzuwendenden Desasters die Flucht und kehrte erst zu seiner Armee zurück, als er die Nachricht erhalten hatte, dass Schwerin das Blatt noch einmal zu wenden und das Schlachtfeld zu behaupten vermocht hatte. Aber trotz dieses – übrigens überaus verlustreichen – «Sieges» war deutlich geworden, dass der Kampf um Schlesien allenfalls eröffnet, aber keineswegs entschieden war. Insofern findet erneut die These Bestätigung: Mit Schlesien fing alles an.

Inzwischen war längst eingetreten, was bereits der Kronprinz vorhergesehen hatte: ein gesamteuropäischer, bis 1748 dauernder Konflikt um die Aufteilung des habsburgischen Erbes – ein Konflikt, der auf verschiedenen Kriegsschauplätzen ausgetragen und in der Geschichtsschreibung unter dem Sammelbegriff Österreichischer Erbfolgekrieg zusammengefasst wurde. Er endete im Frieden von Aachen mit einer Besitzstandsgarantie für das Kaiserhaus – mit Ausnahme Schlesiens und einiger Kleinterritorien in Oberitalien.

Preußen spielte unter den Mächten, die sich an der Erbmasse des Kaiserhauses schadlos zu halten beabsichtigten, insofern eine besondere Rolle, als Friedrich als Erster die Konventionen sprengte, die in der Staatenpolitik des Ancien Régime allen fortbestehenden Gegensätzen zum Trotz eine gewisse Verbindlichkeit erlangt hatten. Er ist es gewesen, der ohne lange Vorrede zu den Waffen griff und damit in einer überaus angespannten Krisensituation die Normen außer Kraft setzte, die der «allgemeinen Balgerei» (George P. Gooch) noch hätten Einhalt gebieten können. So weckte er mit dem Zugriff auf Schlesien die im System der Mächte tief verwurzelte Furcht, den Rivalen ein größeres Stück der Beute überlassen zu müssen oder überhaupt das Nachsehen zu haben. Für Friedrich bedeutete die Annektierung Schlesiens jedoch, dass die Gegnerschaft zum Hause Österreich unumkehrbar wurde. Was er in den Dezembertagen 1740 in jugendlichem Überschwang ins Werk setzte, hatte unabsehbare Folgen für sein ganzes Leben.

Der nun entfesselte Krieg brachte den auf der Grundlage des sogenannten «Partagetraktats» Verbündeten Frankreich, Bayern und Sachsen zunächst beträchtliche militärische Vorteile. Da jedoch der nicht mehr auszuschließende Zusammenbruch des Kaiserhauses keineswegs im Interesse Preußens lag, begann der König sich neu zu orientieren. Das Schlesienabenteuer erfüllte in seinem Kalkül ja nur dann seinen Sinn, wenn es Preußen gelang, aus der Phalanx der Mittelmächte herauszutreten und einen Vorrang des Hauses Brandenburg vor seinen Rivalen zu begründen. Ungeachtet des mit dem Oberbefehlshaber der österreichischen Armee verabredeten Waffenstillstandes brach Friedrich am 18. Januar 1742 nach Dresden auf, um Sachsen für einen Vorstoß nach Mähren zu mobilisieren. Der Feldzug nach Niederösterreich scheiterte jedoch an einer rätselhaften Unentschlossenheit des Königs. Erst als Ende Mai plötzlich die – wie sich für den König erst spät herausstellte – Hauptarmee der Österreicher in Südböhmen erschien, um gegen die Eindringlinge vorzugehen, kam es bei Chotusitz zu einer Schlacht, in der die preußische Armee nach blutigem Kampf erneut die Oberhand behielt. Das Ziel des Königs war es nun, zu einem definitiven Friedensschluss mit der Hofburg zu gelangen. Unter Vermittlung Englands wurde am 11. Juni 1742 in Breslau zunächst ein Präliminarfrieden geschlossen, in dem Preußen neben Niederschlesien auch Oberschlesien mit der Grafschaft Glatz zugesprochen bekam. Beide Seiten verabredeten darüber hinaus, den Gegnern der jeweils anderen Macht keine Hilfe zu leisten. Der endgültige Frieden wurde am 28. Juli unterzeichnet. Er beendete den ersten Waffengang um Schlesien, allerdings – wie der König von Anfang an argwöhnte – mit einem mentalen Revisionsvorbehalt des Erzhauses.

Die Entlastung, die sich Österreich von diesem Arrangement erhofft hatte, trat tatsächlich ein. Denn es gelang in den Feldzügen 1743 und 1744, die Hauptkontrahenten, vor allem Bayern und Frankreich, abzudrängen und nachhaltig zu schwächen. Diese überraschende Wendung versetzte den König in größte Unruhe. Und ehe eines der Projekte, die er zur Verhinderung einer sich immer deutlicher abzeichnenden Isolierung Preußens ins Auge fasste, Gestalt angenommen hatte, griff er erneut zu den Waffen und fiel durch sächsisches Territorium vorrückend in das von Truppen entblößte Böhmen ein. Er nahm Prag praktisch im Handstreich und operierte dann in Böhmen ohne klar

erkennbares Ziel. Seine Nachschubprobleme und ständige Vor-
posten- und Nachhutgefechte mit den leichten Truppen der
Österreicher zwangen ihn schließlich am 25. Oktober, den nicht
eben glanzvollen, im Übrigen höchst verlustreichen Rückzug
seiner Armee aus Böhmen anzutreten.

Wieder hatte Friedrich einen Präventivkrieg geführt, wieder
war es ihm wie schon in den Feldzügen 1740/41 und 1742 auf
den ersten Blick kühn und beherzt gelungen, weit, vielleicht
jedoch viel zu weit in ein von Truppen freies Land vorzudringen.
Aber immer, wenn die österreichische Hauptarmee auf dem
Kriegsschauplatz erschien, waren ihm die Vorteile, die er bereits
errungen zu haben glaubte, wieder entglitten. Er hatte zwar den
Besitz von Schlesien einstweilen zu behaupten vermocht, aber
nicht erreichen können, das Haus Habsburg so entscheidend zu
schwächen, wie es ihm zur endgültigen Sicherung seines Beute-
zuges erforderlich schien. Vielmehr war es am Ende dahin gekommen, dass er die strategische Initiative immer wieder den
Österreichern überlassen musste und der ihm drohenden Isolierung nicht entgegenwirken konnte.

Allmählich wurde dem König selbst klar, in welche Lage er
sich gebracht hatte. Im April des folgenden Jahres gestand er in
einem längeren Schreiben an Podewils, dass er ein hohes Spiel
spiele. «Und wenn sich alles Unglück der Welt bei dieser Gelegenheit gegen mich verschwört, bin ich verloren, aber ich kann
keine andere Partei ergreifen. Von allem, was ich mir in meiner
gegenwärtigen Lage vorstellen kann, ist eine Schlacht das einzige, was erfolgversprechend ist. Diese Arzenei wird über das
Schicksal des Patienten in wenigen Stunden entscheiden.» Es
bleibe ihm, schreibt er weiter, nichts anderes übrig als ein großer
Schlag. Ansonsten aber zeigte er sich Podewils gegenüber tief
durchdrungen von einem stoischen Fatalismus: «Verliert nicht
den Mut und tut Eure Pflicht, wie ich die meine tue, und im
Übrigen ergebt Euch in das, was die blinde Vorsehung entscheiden wird; was auch geschehen mag, wir werden ohne Vorwurf
sein; nicht Klugheit oder Tapferkeit wird es sein, was uns fehlt,
sondern das glückliche Zusammentreffen der Dinge.»

Unterdessen schien sich anzubahnen, was der König so sehr

als große und letzte Chance herbeigesehnt hatte: die Formierung einer Armee aus österreichischen und sächsischen Kontingenten mit dem offensichtlichen Ziel, die Sudeten in Richtung auf die niederschlesische Ebene zu überschreiten. Friedrich hatte bewusst darauf verzichtet, die Pässe zu sichern, so als wenn er seine Widersacher einladen wollte, sich Schlesiens wieder zu bemächtigen. Im Übrigen hatte er durch seine allen sichtbare Gegenwart im Hauptquartier sicherzustellen vermocht, dass die Armee nicht nur neu organisiert und zahlenmäßig ergänzt werden konnte, sondern auch ihr altes Selbstvertrauen wiederfand. Alles war wohlerwogen, als sich der König in der Nacht vom 3. auf den 4. Juni anschickte, dem ahnungslosen Gegner bei Hohenfriedberg am Nordrand des Waldenburger Berglandes eine Schlacht zu liefern. Nachdem die sächsischen Kontingente zurückgewichen waren, entschied schließlich ein kühner, in der Kriegsgeschichte als beispiellos verzeichneter Kavallerieangriff eines Dragonerregiments das Treffen, der die in ihrer Schlachtordnung bedrohten Österreicher zum Rückzug in das Gebirge zwang. Der König hatte sich in dieser Schlacht zum ersten Mal als alleinverantwortlicher Feldherr bewährt und seine inzwischen respekterheischende Kompetenz auf diesem Gebiet unter Beweis gestellt. Schon hier stand neben dem Besitz von Schlesien bereits die territoriale Integrität der Monarchie auf dem Spiel. Auch hier verknüpfte er seine persönliche Reputation mit dem Schicksal des preußischen Staates; auch hier schon das Gegensatzpaar von Erfolg und Scheitern. Er werde nun, schrieb er Podewils einige Wochen vor der Schlacht, «meine Machtstellung behaupten oder es mag alles zugrunde gehen und bis auf den preußischen Namen mit mir begraben werden». Aber auch hier war bereits das kaum zu überschätzende Gewicht eines *roi connétable* erkennbar, der ganz den im *Antimachiavell* geäußerten Maximen entsprechend bei der Vorbereitung und Durchführung der Operationen im Feldlager anwesend und auch in krisenhaften Situationen zur Stelle war.

Obwohl der König auf eine sofortige Verfolgung seiner geschlagenen Gegner verzichtet hatte, rückte er dann doch noch einmal in Böhmen ein und stieß unvermutet erneut auf eine zur

Abwehr des Eindringlings entsandte Armee der Österreicher.
Beide Kontrahenten beobachteten sich wochenlang aus nächster
Nähe. Diese Manöver mit ihren fortgesetzten Scharmützeln
hatten für die preußische Armee wiederum eine höchst zermür-
bende und demoralisierende Wirkung, zumal sich die Versor-
gungslage von Tag zu Tag verschlechterte. So kam es dem König
nicht ungelegen, dass sich Prinz Karl von Lothringen, der
Schwager der Kaiserin und Oberbefehlshaber der österreichischen Armee, verleiten ließ, die preußische Armee nach einem
bewusst geräuschvoll durchgeführten nächtlichen Umgehungsmarsch in den Morgenstunden des 30. September mit allen verfügbaren Truppen und der mühsam herbeigeschafften Artillerie
anzugreifen. Und obwohl der König völlig überrascht war von
diesem Handstreich, gelang es ihm mit erstaunlicher Geistes-
gegenwart und Tatkraft, die österreichische Schlachtordnung
zu durchbrechen und den Gegner in die umliegenden Wälder zu-
rückzudrängen. Nach weiteren Gefechten der in die Lausitz und
nach Sachsen detachierten Korps konnte schließlich am 25. Dezember 1745 der Friede von Dresden geschlossen werden, der
die Besitzergreifung Schlesiens durch den Preußenkönig ein weiteres Mal bestätigte.

Was war durch diesen erneuten Waffengang gewonnen? Gewiss hatte der König durch einen Monate sich hinziehenden Feldzug auf böhmischem Territorium den Gegner zu schwächen vermocht. Gewiss war er trotz beträchtlicher Verluste wiederum als
Sieger aus einem direkten Kräftemessen hervorgegangen. Aber
selbst eine Niederlage wie die in der Schlacht von Soor konnte die
Alliierten nicht von ihrem strategischen Ziel, der Rückgewinnung
Schlesiens, abbringen. Insofern war mit der Episode des Feldzugs
1745 und dem Frieden von Dresden im Hinblick auf Schlesien
noch nichts entschieden. Zwar folgte der Friede von Aachen, der
am 18. Oktober 1748 zwischen den am Österreichischen Erbfolgekrieg beteiligten Mächten geschlossen wurde und die Sukzessi-
onsordnung des Hauses Habsburg (Pragmatische Sanktion) endgültig bestätigte, und die Annektierung Schlesiens durch Preußen
noch einmal sanktionierte. Aber allen Beteiligten war bewusst,
dass hier lediglich ein Interim erreicht werden konnte.

4. Die Jahre der Konsolidierung

Jede biographisch strukturierte Erzählform gewinnt erst durch das Kontinuum der Lebensabläufe ihre Schlüssigkeit und Evidenz. Das gilt gerade auch für Friedrich den Großen. Wie wäre das Schlesienabenteuer zu erklären, wenn nicht in enger Verknüpfung mit den Prägungen und Vorentwürfen der Kronprinzenzeit? Und wie wäre das schließlich Staat und Existenz bedrohende Szenarium des Siebenjährigen Krieges ohne den jugendlichen Überschwang nachvollziehbar, mit dem der soeben auf den Thron gelangte Monarch in den mächtepolitischen Turbulenzen des Jahres 1740 auf «das Recht des Stärkeren» gesetzt hat? Insofern wäre es eigentlich angezeigt, sich auch weiterhin der Aufeinanderfolge der Ereignisse anzuvertrauen. Denn offenkundig ist, dass die politische und militärische Seite seines Lebenswerkes den eigentlichen Mittelpunkt seiner Biographie darstellt. Aber es gibt eine Reihe weiterer Bereiche, in denen er nicht nur in Rheinsberg, sondern auch nach seiner Thronbesteigung Außerordentliches geleistet hat. Es ist vor allem die Zwischenkriegszeit nach dem Abschluss des Friedens von Aachen (1748), die noch ganz im Zeichen «moderner», d.h. zeitgemäßer Impulse steht und entsprechend zu würdigen ist. Insofern muss bei diesem unverkennbar als Zäsur einzuschätzenden Lebensabschnitt zur Sprache kommen, was der König für die Förderung der Künste und Wissenschaften und die Erweiterung seiner Sammlungen getan hat. Dabei wird der biographisch-chronologische Aspekt in den Hintergrund treten und erst im fünften Kapitel wird zu den Haupt- und Staatsaktionen zurückzukehren sein, die als die zentrale Sphäre seiner Biographie zu betrachten sind.

Unter den zahlreichen mäzenatischen Betätigungsfeldern des Königs ist schwer auszumachen, wo er unverkennbar Eigenständiges und Weiterwirkendes anzuregen vermocht hat. So gibt es wie schon in der Kronprinzenzeit vieles, was sein engagiertes Interesse fand, aber letztlich einem dem Zeitgeschmack entsprechenden Dilettantismus und persönlicher Liebhaberei verhaftet blieb. Viele seiner unendlich weit verzweigten, den Künsten und Wissenschaften zugewandten Betätigungen dienten darüber hinaus vor allem der Zerstreuung und Ablenkung von seinen als entsagungsvolle Pflichterfüllung empfundenen Amtsgeschäften. Beim Ausbau seiner Residenzen hat er jedoch während seines ganzen Lebens mit bemerkenswerter Konsequenz Denkmäler zu setzen gewusst, die bis heute mit dem Glanz seines Namens verbunden geblieben sind und das Erscheinungsbild der Residenzstädte Potsdam und Berlin geprägt haben. Zunächst muss festgestellt werden, dass er die Bautätigkeit des als verschwendungssüchtig geschmähten Großvaters bei weitem in den Schatten gestellt hat. In der Vielfalt und Originalität dürfte die Mehrzahl dieser Bauten einzigartig in der Residenzenlandschaft des Ancien Régime dastehen. Gewiss sind viele dieser Bauten mit den Namen bedeutender Architekten wie Knobelsdorff, Gontard oder den beiden Boumanns verknüpft. Es besteht jedoch kein Zweifel, dass es der König selbst war, der mit diesem ehrgeizigen Bauprogramm Vorstellungen zu verwirklichen trachtete, die bis in Einzelheiten des Stils, der Formensprache und des Figurenprogramms auf eigene, ganz persönliche Vorlieben zurückzuführen sind. Er kümmerte sich ähnlich wie Ludwig XIV. nicht nur um die Konzeption im Großen, um die Lage, den Bauplatz und ein entsprechendes Raumprogramm, sondern auch um die konkreten Fragen der Bauausführung und der Dekoration. Bekannt ist, dass er offiziellen Porträts seit Antritt seiner Herrschaft äußerst skeptisch gegenüberstand. Aber er duldete und förderte, dass seine Person im Stil der barocken Herrscherapotheose in allegorischem Gewande dargestellt wurde, in Statuen zumeist, die bemerkenswerten Aufschluss über seine Selbsteinschätzung zu geben vermögen. So ist seine pointierte, keineswegs beiläufige Identifizierung mit Apollo bereits in Pesnes Deckenfresko in Rheinsberg und dann wiederum im Treppenhaus von Schloss Charlottenburg nachweisbar. Aber auch in der Ikonographie der häufig überlebensgroßen Skulpturen, mit

Schloß Sanssouci, Bildergalerie, Blick nach Osten

denen der König die Attiken zunächst von Rheinsberg und schließlich der meisten seiner Repräsentationsbauten bekrönen ließ, findet sich das Apollomotiv in offenkundiger Anspielung auf den königlichen Bauherrn und strahlenden Kriegshelden.

Die eigenwilligste und originellste Schöpfung stellt zweifellos die Sommerresidenz Sanssouci dar, die Friedrich unter persönlicher Anteilnahme in den Jahren 1745 bis 1748 auf der Weinberganhöhe vor den Toren Potsdams von Knobelsdorff errichten ließ. Hier gewinnt ein Baugedanke Gestalt, der jenseits offizieller Staatsrepräsentation und höfischer Etikette ein Refugium von intimer Gefälligkeit und subtiler Eleganz zu schaffen beabsichtigte. Der allgemeine Stilwandel vom gravitätisch-auftrumpfenden Barock zum beschwingteren Rokoko kam ihm dabei entgegen. Alles war geprägt von persönlichen Bedürfnissen, der Bequemlichkeit und den Neigungen des Bauherrn. Das Offizielle und Prunkhafte trat in den Hintergrund; ein epikureisch-heiteres Lebensgefühl sollte dieses zusammen mit seinem Freund der Rheinsberger Kronprinzenzeit konzipierte Schlossareal prägen. Jedes Zimmer des eingeschossigen, langgestreckten Baus öffnete sich auf die hochgelegene Terrasse mit dem weiten Blick in das wie eine Seenplatte erscheinende Havelland.

Mit diesem Schlossbau gelang dem König ein Neuansatz höfischer Selbstdarstellung, der als einzigartig und stilbildend empfunden worden ist. Er entsprach einem Monarchen, der sich als Philosoph und Schöngeist und als ein der Aufklärung verpflichteter Herrscher verstand, als geistreicher Repräsentant eines geistreichen Jahrhunderts. Er sammelte nicht nur antike Skulpturen und ließ sie in seine Wohnungen und Gartenanlagen integrieren, sondern vermochte auch als einer der Ersten das Genie eines Malers wie Antoine Watteau zu erfassen. Der Schlossbau von Sanssouci stellt etwas dar, was es in der höfischen Kultur Europas bis dahin nicht gegeben hatte. Er markiert einen Entwicklungssprung in der Selbstdarstellung von Staat und Dynastie, deren Faszination bis heute nicht nachgelassen hat.

Bei einem Überblick wie diesem müssen Stadttore und Triumphbögen, die der König besonders zahlreich in Potsdam an zentralen, das Stadtbild beherrschenden Plätzen errichten ließ, beiseitegelassen werden, ebenso wie die beiden monumentalen, kuppelbekrönten Turmbauten, die er auf dem Berliner Gendarmenmarkt dem Deutschen und Französischen Dom – zwei älteren Bauten von schlichter Funktionalität und Bescheidenheit – hinzugesellte. Von maßgeblicher Bedeutung für einen auffallenden Wandel in Friedrichs Selbsteinschätzung gerade auch als Bauherr ist das Neue Palais, das er nach Beendigung des Siebenjährigen Krieges (1763–1768) am westlichen Abschluss des Schlossareals von Sanssouci in freiem Gelände errichten ließ. Es handelte sich bei diesem Plan um einen ganzen Gebäudekomplex, der nicht nur aus einem Schlossbau im engeren Sinne bestand, sondern um zwei aufwendig dekorierte Wirtschaftsgebäude, die sogenannten Communs, ergänzt wurde, die wiederum durch eine mächtige, das entsprechende Sanssouci-Motiv aufgreifende Kolonnade mit einem Triumphbogen in der Mitte verbunden waren. Bei diesem gewaltigen, prahlerisch auftrumpfenden Bauvorhaben war von dem Persönlichen, ja Privaten des Schlossbaus von Sanssouci keine Rede mehr. Eher hat es den Anschein, als wenn sich der König mit diesem Monument in etwas hineinsteigerte, das allein der Demonstration ungebrochener Macht des Hauses Brandenburg dienen sollte.

Folgt man der Chronologie der Bauaufträge des Königs, so steht an erster Stelle das Opernhaus Unter den Linden, das zugleich als einer der Ecksteine des Forum Fridericianum in der Stadtmitte Berlins konzipiert war. Es wurde in den Jahren 1740 bis 1743, also unmittelbar nach dem Herrschaftsantritt des Königs, nach eigenen Skizzen und den Entwürfen Knobelsdorffs errichtet und sollte offenbar einer weit über die Hauptstadt hinausreichenden Öffentlichkeit mit ostentativer Eindringlichkeit vor Augen führen, dass in Preußen in scharfem Kontrast zum Regiment des Vaters ein neues Zeitalter begonnen hatte. Es ging dem König um die Manifestation eines programmatischen Neubeginns, um den spektakulär in Szene gesetzten Aufbruch in eine apollinische Ära. Deshalb sollte an den Aufführungen, die er nun regelmäßig und mit einem Ensemble ausgesuchter Sänger und Instrumentalisten zu geben plante, auch das hauptstädtische Publikum, also eine nichthöfische Öffentlichkeit, teilhaben können. Das Opernhaus wurde nach außerordentlich forciertem Baubeginn bereits am 7. Dezember 1742 mit Grauns *dramma per musica* «Cleopatra e Cesare» in italienischer Sprache eröffnet, also mit einem traditionellen, den Konventionen höfischen Divertissements entsprechenden Sujet.

Das Bauen war die eine Seite fürstlicher Selbstdarstellung, das Sammeln von Kunstschätzen die andere. Während die Residenzen der meisten konkurrierenden Mächte in- und außerhalb des Reiches bereits seit dem 16. und 17. Jahrhundert über umfangreiche Kunst- und Rüstkammern verfügten, deren Schätze nicht nur für die Ausstattung der Wohn- und Repräsentationsräume der Schlösser genutzt, sondern auch in Kunstkammern und Schausammlungen gezeigt wurden, steckte man in Brandenburg erst in den Anfängen dieser subtilen Form fürstlicher Selbstdarstellung. Auch auf diesem Gebiet war es der erste König, Friedrich I., der die Sammlungsbestände seiner kurfürstlichen Vorgänger systematisch und großzügig ergänzt hatte. Aber schon unter dem asketischen Soldatenkönig war es mit allen kunstsinnigen Ambitionen des Herrscherhauses wieder vorbei. So schenkte er

das weltberühmte Bernsteinzimmer dem Zaren Peter dem Gro-
ßen und tauschte großgewachsene sächsische Dragoner gegen
Porzellanbestände aus Schloss Oranienburg ein. Die ungeheure
Diskrepanz zwischen dem provinziellen Grobianismus, den der
Soldatenkönig in Königs Wusterhausen, seinem bevorzugten
Aufenthaltsort, pflegte, und der ästhetischen Kompetenz und
Großzügigkeit, die der Kronprinz in Dresden unter August dem
Starken erlebt hatte, dürfte Friedrich also auch durch Augen-
schein bewusst gewesen sein.

Die Frage stellt sich deshalb, was Friedrich ungeachtet der
Vorbehalte, die er gegen die Prunksucht und Sammelleidenschaft des Großvaters hegte, selber für angemessen und vertret-
bar hielt. Die Eindrücke in Dresden müssen für ihn eine später
auch politisch spürbare Herausforderung und ein nachhaltiger
Wettbewerbsimpuls gewesen sein. Friedrich blieb jedoch trotz
aller Ambitionen auf dem Gebiet der schönen Künste ein ver-
sierter und wissbegieriger Dilettant, aber zugleich auch ein
Sammler, der bei seinen Ankäufen von Gemälden und Skulpturen vorwiegend auf die Zufälle des Kunstmarktes angewiesen
war.

Schwer zu beurteilen ist, nach welchen Gesichtspunkten und
Leitmotiven Friedrich gesammelt hat. Offenkundig ist jedenfalls, dass er sich nach einer in den Jugendjahren ausgeprägten
Vorliebe für die galante Genremalerei der französischen «Avant-
garde» und besonders für die Bilder von Antoine Watteau, Nicolas Lancret und Jean Baptiste Pater, von denen er jeweils über-
ragende Werke zu erwerben vermochte, in den fünfziger Jahren
lossagte und dann Gemälde sammelte, die den Konventionen
fürstlicher Selbstdarstellung entsprachen. Unter dem Einfluss
welterfahrener Ratgeber wie des Venezianers Francesco Alga-
rotti oder des ihm sehr nahestehenden Marquis d'Argens wandte
er sich einem klassischen Repertoire zu und versuchte, die
Hauptmeister der italienischen Renaissance und des Barock
und die wichtigsten Vertreter der holländischen und flämischen
Malerschule – unter ihnen Rembrandt und Rubens – in seinen
Besitz zu bringen. Auch die Frage nach den Motiven, die Friedrich bei seinen Bilderkäufen bevorzugte, ist schwer zu beantwor-

ten. Sicherlich strahlten die *fête galante*-Bilder Watteaus und Lancrets eine Anmut und Leichtigkeit aus, die zumindest dem Kronprinzen in eigenen Visionen immer vorgeschwebt hatten. Hier gab es ohne Frage Affinitäten zwischen der Sphäre künstlerischer Imagination und der heiter-beschwingten Lebenswirklichkeit des Rheinsberger Musenhofes. Sie mag ihn 1763, also nach dem Ende des alle Illusionen zerstörenden Siebenjährigen Krieges, in wehmütiger Rückerinnerung bewogen haben, noch einmal ein Hauptwerk Watteaus, die grandiose zweite Fassung des Bildes «Embarquement pour Cythère», zu erwerben. Sie gehört heute zusammen mit dem bereits 1744 in seinen Besitz gelangten großformatigen «Firmenschild des Kunsthändlers Gersaint» zu den Kronjuwelen der Kunstsammlungen von Schloss Charlottenburg.

Im Übrigen sammelte Friedrich Bilder, die keinen inhaltlichen Bezug zu seinen Grundüberzeugungen und dem Zeitgeschmack des Rokoko erkennen lassen. Am ehesten dürften noch Gemälde mit mythologischen Themen oder mit Szenarien aus der antiken Geschichte wie der Tod der Kleopatra von Guido Reni einem eigenen Bildungshorizont zuzuordnen sein. Aber zu den zahlreichen Bildern mit religiösem Inhalt wie Rembrandts «Moses zerschmettert die Gesetzestafeln» hat er ein inneres Verhältnis kaum gehabt haben dürfen. Was inspirierte ihn, wenn er die heilige Cäcilia oder die Mutter Gottes mit dem Jesuskind von Rubens betrachtete? Es hat den Anschein, als wenn Kunst und Leben in fortgeschrittenem Alter immer weiter auseinandertraten. Es dürfte also manches für die Vermutung sprechen, dass sich Friedrich bei seinen Kunstkäufen in den späteren Jahren nicht von Motiven leiten ließ, sondern dem Namen und dem internationalen Renommee der Künstler den Vorzug gab. Die entsprechenden Neuerwerbungen dienten offenkundig dazu, dem eigenen Herrschaftsanspruch im Konkurrenzgefüge der machtpolitischen Rivalen Nachdruck zu verleihen. Zwar behielt Friedrich auch in diesen Jahren den immensen Finanzbedarf von Staat und Heer im Auge und stellte insofern immer wieder eine rational kontrollierte Relation zwischen den Staatserfordernissen und den Selbstdarstellungsgelüsten des Landesherrn her. Es

Nicolas Lancret: Der Tanz an der Pegasusfontäne (nach 1721)

ist nicht überliefert, an wen sich diese Gesten einer monumentalen Architektur und einer exzessiven Sammelleidenschaft eigentlich richteten. Den *philosophes*, den Aufklärern aus Prinzip wie Voltaire und den Bezugspersonen seiner frühen Jahre, konnte er mit solchen *éclats* gewiss nicht imponieren. Insofern spricht manches dafür, dass sich sein Selbstdarstellungsstil von einer heiter-epikureischen Lebensauffassung zu der Überzeugung weiterentwickelt hatte, die Höfe der konkurrierenden Mächte, also die Außenwahrnehmung repräsentativer Prachtentfaltung, als den entscheidenden Bezugspunkt ins Auge zu fassen. Wahrscheinlich hielt er sich im Gegensatz zu den *principini*, von denen Machiavelli so abfällig gesprochen hatte, inzwischen für einen «großen Fürsten», dem vor dem Areopag der europäischen Potentaten auch Schlossbauten, Sammlungen und Armeen zugestanden werden mussten.

Es muss als ein in der europäischen Staatenwelt einzigartiges Phänomen gelten, dass der preußische Staatshaushalt trotz der fortwährenden Kriege immer ausgeglichen war und keine langfristigen Verbindlichkeiten zu Buche standen. Großmacht zu betreiben bedeutete im Ancien Régime, Schulden zu machen und über seine Verhältnisse zu leben. Das war in Preußen seit dem Soldatenkönig anders, auch wenn einzuräumen ist, dass die Erfolge des friderizianischen Merkantilismus mit einer überaus repressiven Staatsomnipotenz erkauft wurden. Ungeachtet der enormen Ausweitung des Handelsvolumens und trotz der zunehmenden Verschachtelung der Finanzverwaltung lässt sich der Nachweis führen, dass Friedrich mit dem Instrumentarium eines rigorosen Fiskalismus Kassenüberschüsse zu erwirtschaften vermochte, die nach dem Ende des ruinösen Siebenjährigen Krieges noch einmal gesteigert werden konnten. Immer unverhüllter traten nun jene Prinzipien zutage, mit denen schon der Vater seine unerbittliche Staatsschatzpolitik durchgesetzt hatte. Die traumatischen Erfahrungen des Siebenjährigen Krieges forcierten dann seine Thesaurierungspolitik mit dem Ergebnis, dass er dem Thronfolger einen Staatsschatz in der kaum fasslichen Höhe von gut 51 Millionen Talern hinterlassen konnte – ein Kapital, das Friedrich Wilhelm II., wie es Friedrich der Große befürchtet hatte, während seiner nur elf Jahre währenden Regentschaft aufgebraucht und vergeudet hat. Die Motive für diese mit allen Mitteln vorangetriebene Einnahmesteigerungspolitik Friedrichs beruhten im Grunde auf keinem theoretisch durchdachten wirtschafts- und finanzpolitischen Konzept, obwohl vor allem die beiden *Politischen Testamente* höchst eindrucksvoll belegen, wie detailliert und problemorientiert der König über die Finanzlage und das Wirtschaftspotential der Einzelterritorien Bescheid wusste. Auch die fiskalischen Maßnahmen waren immer und in jedem Bereich seiner Politik von der Sorge um die Handlungs- und Expansionsfähigkeit seines Staates bestimmt. Insofern konnte er für sich legitimerweise eine grundlegend andersartige Herrschaftsauffassung als die des ersten Königs in Anspruch nehmen.

Neben der Sorge um die Staatsfinanzen widmete sich der König in diesen Jahren der Konsolidierung auch mit aller Energie dem inneren Ausbau des Landes. Die Fakten sind schnell aufgelistet und werden um Reformvorhaben ergänzt, die im Anschluss an das Kapitel über den Siebenjährigen Krieg noch zu

erörtern sind. Bereits 1747 begann er mit systematischen Koloni-
sationsmaßnahmen und erließ im Sinne einer gezielten Peuplie-
rungspolitik mehrfach Edikte, die ansiedlungswillige Ausländer,
besonders Handwerker, mit beträchtlichen Privilegien ins Land
und besonders nach Schlesien zu locken versuchten. So bemühte
er sich etwa um die Zuwanderung pfälzischer Kolonisten für alle
dünn besiedelten Territorien und setzte damit fort, was schon
der Große Kurfürst Friedrich Wilhelm in großem Stil begonnen
hatte. Hinzu kam 1748 das Verbot des «Bauernlegens», durch
das ein Aufkauf bäuerlichen Landbesitzes durch adlige Grund-
herren verhindert werden sollte. Überhaupt war Friedrich darum
bemüht, den gesellschaftlichen und ökonomischen Status der
Bauern fundamental zu verbessern. So ließ er 1755 die bäuerlichen Spanndienste auf den Domänen der Kernprovinzen und in
Ostpreußen abschaffen und verfügte die Zahlung entsprechender Dienstgelder. Allerdings verbot er 1750 auch ausdrücklich,
dass Rittergüter an Bürgerliche verkauft wurden: eine vielfach
nicht widerspruchsfreie Einhegungspolitik, die er nach der Beendigung des Siebenjähriges Krieges wieder aufnahm.

Das Justizwesen beschäftigte den König sein ganzes Leben
lang. Während die Förderung der Wissenschaften in erster Linie
als eine Angelegenheit öffentlicher Reputation besonders im Konkurrenzgefüge der maßgeblichen Rivalen galt und sich vor allem
auf die Königliche Akademie in Berlin konzentrierte, gehörte die
Rechtspflege zu einem Politikbereich, dem sich der König immer
wieder präzisierend und mit unermüdlichem Pflichtbewusstsein
gewidmet hat. Schon unter seinen Vorgängern auf dem Thron
hatte die Gewähr einer durch den Landesherrn zu stiftenden
Rechtssicherheit eine hohe Priorität gehabt. Sie gehörte nach
Auffassung gerade auch jener Staatstheoretiker, die dem absoluten Fürstenregiment das Wort redeten, zu den vornehmsten
Herrscherpflichten. Bei Friedrich jedoch gewann dieser Bereich
eine Bedeutung, die zu seinem Profil eines der Aufklärung und
der Humanitätsidee verpflichteten Monarchen Entscheidendes
beigetragen hat. So sind die jeweils ersten Kapitel der beiden
Politischen Testamente von 1752 und 1768 dem Justizwesen gewidmet. Angesichts der Vielfalt und Widersprüchlichkeit dessen,

was er an Rechtsgewohnheiten in seinem Lande vorgefunden habe, sei er zu dem Entschluss gelangt, im Zusammenwirken mit dem für die Justiz zuständigen Großkanzler Cocceji «die Gesetze zu reformieren und ihnen nichts anderes zugrunde zu legen, als was sich in einer natürlichen Rechtlichkeit (l'équité) findet». Keine religiöse, auf die christliche Offenbarung gestützte Fundierung also mehr. An ihrer Stelle wollte er den Prinzipien des Naturrechts Geltung verschaffen. Im Übrigen war er entschlossen, niemals in Gerichtsverfahren einzugreifen, also auf Machtsprüche zu verzichten. Doch behalte er sich vor, über die Amtsführung der Richter zu wachen. Im Testament von 1768 setzte er hinzu, dass die Sicherheit für Vermögen und Besitz die Grundlage jeder Gesellschaft und einer guten Regierung darstelle. Die Gesetze hätten Gültigkeit für den Herrscher wie für den letzten Untertanen.

Solche Absichtserklärungen mögen schon in der Mitte des 18. Jahrhunderts nicht mehr besonders originell gewesen sein. Dennoch ist zu unterstreichen, dass Friedrich eine Reihe konkreter Reformmaßnahmen sofort nach seinem Herrschaftsantritt und hier federführend für viele andere Territorien in Angriff genommen hat. So schaffte er schon 1740 die Folter im Prinzip ab, verbot das barbarische Ertränken von Kindsmörderinnen, untersagte 1746 die öffentliche Kirchenbuße und schränkte die Anwendung der Todesstrafe ein. Friedrich verfügte vor allem im Bereich des unendlich vielschichtigen Privatrechts mit dem aus einer bremischen Juristenfamilie stammenden Samuel von Cocceji über einen höchst umsichtigen und kompetenten Ratgeber. Er war als Naturrechtslehrer an der Universität Viadrina in Frankfurt an der Oder hervorgetreten und besaß alle staatstheoretischen Kenntnisse für die Erfüllung seiner Aufgabe. Darüber hinaus hatte er sich auch in der Praxis um die Verbesserung der Justiz und eine Reform der Richterberufe verdient gemacht. Alles spricht dafür, dass der König in den Grundsatz- und Verfahrensfragen mit seinem 1749 zum Großkanzler ernannten Minister übereinstimmte. Am Ende der Reformtätigkeit Coccejis (1755) standen Erfolge, die eine durchgehend römischrechtlich geprägte, in allen Regionen der Monarchie vereinheitlichte

und in ihrer Übersichtlichkeit verbesserte Rechtsordnung ge-
währleisteten. Hinzu traten energische Versuche, die gravierenden Prozessrückstände aufzuholen und zu einer Beschleunigung
der Verfahren zu gelangen.

Ein weiteres Ergebnis der coccejischen Justizreform bestand in
der entschieden obrigkeitlichen Indienstnahme des Juristenstan-
des für die Rechtspflege. So wurde für die Berufung in eines der
königlich-preußischen Justizkollegien eine Prüfung in Form eines
Staatsexamens vorgeschrieben. Auch der Advokatenstand, dem
vielfach die Verzögerung der Verfahren anzulasten war, wurde
nun in die Pflicht genommen und vor allem bei der Erhebung von
Prozessgebühren unter scharfe Kontrolle gestellt. All diese rigorosen Reglementierungsmaßnahmen des Königs resultierten aus
einem sein ganzes Leben begleitenden Misstrauen gegenüber
dem Justizpersonal, das schließlich in der Affäre um den Müller
Arnold (1779) zu heftigen Überreaktionen führte. Dieser Rechts-
streit hatte zunächst die Entlassung des amtierenden Großkanz-
lers Freiherrn von Fürst und die Berufung Johann Heinrich Casi-
mir von Carmers zum «Chef de justice» zur Folge. Er veranlasste
den König, noch einmal grundlegende Reformen der Justizadmi-
nistration und der Gesetzgebung in Angriff zu nehmen, an deren
Ende die große Kodifikation des *Allgemeinen Landrechts für die
Preußischen Staaten* (posthum erlassen 1794) stand.

Die in dieser Spätphase mit Gesetzgebung und Justizreform
betrauten Juristen, an ihrer Spitze neben von Carmer Carl Gott-
lieb Svarez und Ernst Ferdinand Klein, beide bedeutende Rechts-
gelehrte, haben zwar die Prinzipien absolutistischer Fürstenherrschaft als loyale, auch dem König verpflichtete Staatsdiener
nicht angetastet. Aber sie haben die bestehenden Verhältnisse
mit der naturrechtlich inspirierten Vertrags- und Pflichtenlehre
so eng verknüpft, dass dadurch eine Selbstbindung der monarchischen Staatsgewalt unumgänglich zu werden versprach. Der
König eröffnete seinen Mitarbeitern und Beratern in diesem
Bereich also einen Gestaltungsspielraum, der neue, bereits in die
Zukunft weisende Perspektiven ins Auge zu fassen ermöglichte.
Von Carmer, Svarez und Klein waren Juristen einer jüngeren Generation, die in vielen Grundsatzfragen übereinstimmten und

sich in bürgerlichen Sozietäten wie der Berliner Mittwochsgesellschaft mit hohem Ernst und Verantwortungsbewusstsein
über die zukünftige Verfassung von Staat und Gesellschaft klar
zu werden versuchten. Sie waren Staatsbeamte, die von der für
die preußischen Verhältnisse typischen Zuversicht auf die innere
Erneuerungsfähigkeit der Monarchie durchdrungen waren und
in diesem Sinne ihr Reformwerk auffassten. Es waren große Entwürfe und Visionen, die sich hier Bahn zu brechen begannen.

5. Der große Krieg (1756–1763)

Auch im Siebenjährigen Krieg ging es um die Revision der Schlesienfrage. Sie wurde naturgemäß von Österreich betrieben, das
eine Neuformierung der Bündnisse anstrebte. Preußen stand
dabei in einer Atmosphäre hektischer Betriebsamkeit abseits
und sah sich mit einer das gesamte Mächtesystem erfassenden
Geheimdiplomatie konfrontiert, deren wahre Ziele für Friedrich
allenfalls zu erahnen waren. Aus den Akten erfahren wir Genaue-
res und können belegen, dass der Plan des späteren Staatskanz-
lers der Kaiserin, Wenzel Anton Graf Kaunitz, schon seit dem
Ende der vierziger Jahre auf die Bildung einer großen Allianz der
Gegner Preußens gerichtet war. Als Kriegsziel hatte er nicht nur
die Wiedereroberung von Schlesien und Glatz ins Auge gefasst,
sondern darüber hinaus auch ganz grundsätzlich die «réduction
de la Maison de Brandebourg à son état primitif de petite puis-
sance très secondaire», also die Eliminierung des gefährlichen
und lästigen Rivalen. Alles blieb trotz der intensiven Bemühungen des maßgeblichen Staatsmanns der Hofburg lange Zeit in
der Schwebe. Erst die Annäherung Preußens an England, die
schließlich in der Westminsterkonvention vom 16. Januar 1756
festgeschrieben wurde, führte die Bündnisgespräche mit Frankreich zum Erfolg und leitete das *renversement des alliances* ein,
das zu den mächtepolitischen Voraussetzungen des Siebenjährigen Krieges gehört.

Es ist in der Forschung heftig darüber gestritten worden, ob die Entfesselung eines Präventivkrieges, zu dem sich der König entschloss, aus der für Preußen sich bedrohlich zuspitzenden Mächtekonstellation oder dem elementaren Machthunger des Königs zu erklären ist. Diese für das Erscheinungsbild des Preußenkönigs nicht unerhebliche Frage wird angesichts der Quellenlage eindeutig nicht mehr beantwortet werden können. Immerhin lässt sich festhalten, dass ein ganzes Bündel von Faktoren für den König maßgeblich gewesen sein dürfte. Jedenfalls überschritt die preußische Armee am 29. August 1756 ohne Kriegserklärung die sächsische Grenze und stieß wie auch in den Böhmenfeldzügen auf keinen nennenswerten Widerstand. Die sächsische Armee verschanzte sich auf der als unangreifbar geltenden Festung Königstein und überließ die Verteidigung des Landes einer aus Böhmen heranrückenden Entsatzarmee der Österreicher. Mit ihr lieferte sich der König unweit der Ortschaft Lobositz am 1. Oktober 1756 erneut eine Schlacht, die trotz beiderseits hoher Verluste mit einem Sieg der preußischen Waffen endete, ohne allerdings den Operationsradius österreichischer Streifkorps entscheidend einengen zu können. Der König blieb den Winter über in Dresden und kümmerte sich mit rigoroser Härte um die immer heikler werdende Frage der Kriegsfinanzierung.

Friedrich hatte den Krieg eröffnet; jetzt, 1757, war er erneut gezwungen, ihn fortzusetzen, und zwar auch dieses Mal wieder unter dem Diktat bedingungsloser Offensive. Denn er musste Entscheidungen herbeizuführen versuchen, bevor seine sich zu erdrückender Übermacht formierenden Gegner die Initiative an sich zu reißen vermochten. Friedrich blieb im Grunde keine andere Wahl, als sich auch in diesem Feldzug wieder auf das Wagnis eines Vorstoßes nach Böhmen einzulassen. Er handelte dabei insofern konsequent, als er sich bewusst war, dass mit Nadelstichen wie der Wegnahme von Magazinen oder vorgeschobener Posten eine entscheidende Schwächung seines Hauptkontrahenten nicht erreicht werden konnte. Das hatten die Österreicher schon wiederholt unter Beweis gestellt. So überschritten mehrere preußische Armeekorps bereits am 18. April, also frühzeitig im Jahr, die Grenze nach Böhmen und Mähren, um sich jenseits der Gebirge zu vereinigen. Das Ziel war zunächst die Einnahme der stark gesicherten Hauptstadt Prag. Der König plante, die bereits in Schlachtordnung formierte österreichische Hauptarmee oberhalb der Stadt zu umgehen und den Gegner vom Rücken her anzugreifen. Die ersten, äußerst opferreichen Kämpfe in den Morgenstunden des 6. Mai brachten keiner Seite einen entscheidenden Vorteil. Erst als die Umgruppierung der österreichischen Gefechtsaufstellung Lücken erkennen ließ, konnte sich die preußische Armee durchsetzen und den dezimierten Gegner zum Rückzug in die belagerte Festung zwingen. Aber neben den hohen eigenen Verlusten – Schwerin war gefallen, Winterfeldt, der Generalstabschef des Königs, schwer verwundet – war es Friedrich wiederum nicht gelungen, das Aufgebot des Kaisers entscheidend zu schlagen und im Spiel der Kräfte zu neutralisieren. So bedurfte es bereits während des Feldzugs 1757 eines «Mirakels», um eine *destruction totale* des Hauses Brandenburg noch abwenden zu können.

Der König widmete sich nun mit Nachdruck der Eroberung Prags. Aber bevor er hier zum Erfolg kam, näherte sich von Osten eine zahlenmäßig überlegene Entsatzarmee unter dem Oberbefehl des Feldmarschalls Leopold Graf Daun, der keinen Zweifel an seiner Angriffsabsicht ließ. Und obwohl der König von erfahrenen Feldherren wie Ziethen vor einer Offensive gegen die auf einer Höhenstellung postierten Österreicher gewarnt worden war, nahm er die Herausforderung an und musste das Schlachtfeld nach erbittertem Kampf und hohen Verlusten schließlich verloren geben. Er hatte unter persönlichem Einsatz seine Truppen immer wieder angefeuert, in gewohnter Manier anzugreifen und danach das drohende Verhängnis abzuwenden. Am Ende stand die erste Niederlage, die die preußische Armee in den Schlesischen Kriegen hatte hinnehmen müssen. So blieb dem König nichts anderes übrig, als den Rückzug anzutreten und augenblicklich auch die Belagerung von Prag aufzuheben. Es hatte sich gezeigt, dass er ein überaus gefährlicher, aber wegen seiner Ungeduld und Kampfentschlossenheit auch verwundbarer Gegner war. Es sollte sich auch in den folgenden Feldzügen erweisen, dass in dieser für das Ancien Régime ganz ungewöhnlichen Kriegsauffassung die Erfolge wie die Misserfolge Friedrichs begründet lagen. Aber die Einzigartigkeit seiner Persönlichkeit muss eben darin gesehen werden, dass das unerbittliche Hasardspiel, mit dem er seine Ziele durchzusetzen versuchte, letztlich zum Erfolg geführt hat.

Der Rückzug der Armee aus Böhmen geriet zu einem Fiasko, für das der König seinen jüngeren Bruder, den Prinzen von Preußen, persönlich haftbar machte und vor den Truppenführern seiner Armee zur Rede stellte. August Wilhelm legte danach sein Kommando nieder und zog sich aus der Armee zurück. Inzwischen formierte sich die Allianz der Gegner Preußens auch militärisch. Eine österreichische Armee erschien in bedrohlicher Stärke in der Oberlausitz, eine französische im Weserbergland, wo sie sogleich eine aus Reichskontingenten und hannoverschen Verbänden gebildete Armee bei Hastenbeck am 26. Juli zu schlagen vermochte. Die französische Hauptarmee formierte sich unterdessen bei Straßburg, um unter Einbeziehung kaisertreuer Reichstruppen nach Mitteldeutschland vorzudringen. Der König teilte nun wiederum seine Armee. Während das Gros zur Deckung seiner südlichen Flanke in der Lausitz zurückblieb, brach er selbst nach Thüringen auf, um den Franzosen entgegenzutreten. Beide Armeen beobachteten sich nun auf Parallelmärschen entlang der Saale, bis der König am 5. November unweit der Ortschaft Roßbach die Möglichkeit zu einer Überraschungsoffensive auf den weit auseinandergezogen marschierenden Gegner erkannte. In zwei Flankenangriffen gelang es, die Formationen der Franzosen und der Reichskontingente vollständig in Konfusion zu versetzen. Die Verbündeten mussten ihre gesamte Artillerie und eine große Zahl von Gefangenen verloren geben und in der Dunkelheit die Flucht ergreifen.

Friedrich vermochte mit diesem spektakulären Sieg nun wenigstens einen seiner Widersacher abzuweisen. An einen konzentrischen Angriff im Zusammenwirken mit dem österreichischen Verbündeten war jedenfalls nicht mehr zu denken. Der König hatte demnach nicht nur eine für die Zeit ungewöhnlich unblutige Schlacht gewonnen, sondern auch den Erfolgsaussichten der großen Allianz der Gegner Preußens einen überall in Europa mit

Erstaunen wahrgenommenen Stoß versetzt. Friedrich war im Begriff, aus dem Schatten seiner usurpatorischen und letztlich als temporär eingeschätzten Anfangserfolge in Schlesien und Sachsen herauszutreten und eine Statur zu gewinnen, die durch den Selbstbehauptungswillen in einem aussichtslos erscheinenden Kampf schließlich ein eigenes moralisches Gewicht erlangte. Er hatte es nach den Waffengängen mit dem Hause Habsburg nun erstmals mit einer Hegemonialmacht zu tun gehabt, die immer noch von ihrem Nimbus globaler Reputation und militärischer Unanfechtbarkeit zehrte. Und obwohl es ursprünglich gewiss nicht die Absicht des Königs war, diesem Land inniger Wahlverwandtschaft und grenzenloser Bewunderung mit dem Degen in der Hand entgegenzutreten, rückte ihn seine persönliche Bravour und das spektakuläre Ausmaß seines Triumphes endgültig in das Rampenlicht des Kriegsszenariums. Er war jetzt über die in erster Linie mit Österreich zu verhandelnde Schlesienfrage hinaus zu einer militärischen und politischen Schlüsselfigur avanciert, mit der man nicht nur im Reich, sondern überregional auf dem gesamten Kontinent hasserfüllt oder bewundernd rechnen musste. Aber es stand immer noch die Entscheidung an, ob es dem Preußenkönig gelingen würde, die Usurpation Schlesiens zu verteidigen.

Die preußischen Belange in Schlesien hatten unterdessen eine beinahe katastrophale Wendung genommen. Schweidnitz und Breslau waren in die Hände der Österreicher gefallen und boten nun keinen Rückhalt mehr für eine erfolgreiche Verteidigung des Landes. So begab sich der König in kaum unterbrochenen Eilmärschen nach Schlesien, um seinen Hauptkontrahenten zu einer Entscheidungsschlacht zu zwingen. Anfang Dezember lagerte die nach schweren Niederlagen und fortwährenden Gefechten neuformierte Armee bei klirrender Kälte in der Nähe von Breslau. Am Morgen des 4. Dezember 1757 wandte sich der König an seine Kommandeure und erläuterte ihnen in einer auf Deutsch und mit stoischem Gleichmut gehaltenen Rede den Ernst der Lage. Nie war er seinen Truppen näher als in diesen Tagen einer gefassten und schicksalsergebenen Entschlossenheit. Nach dem Aufmarsch der Armee in den frühen Morgenstunden des 5. Dezember und der Formierung zweier Infanteriekolonnen flankiert von Kavalleriebrigaden gelang es zunächst, österreichische und sächsische Vorauskommandos zurückzuwerfen. Nach genauer Rekognoszierung der Gefechtsaufstellung der Österreicher entschloss sich der König, an den langgestreckten, in nordsüdlicher Richtung postierten Treffen des Gegners, gedeckt durch zwei die Sicht verstellende Hügel, vorbeizudefilieren, um dann nach den Prinzipien der schiefen Schlachtordnung bei der Ortschaft Leuthen in die Flanke des Gegners vorzudringen. Um seine Absicht zusätzlich zu verschleiern, ließ der König einige Abteilungen in der ursprünglichen Richtung weitermarschieren, um einen Frontalangriff auf die Linien der Österreicher vorzutäuschen. Gegen ein Uhr mittags begann das eigentliche Gefecht gegen die immer noch nach der Anfangsformation der Preußen ausgerichtete Schlachtordnung. Eine Umfassung der österreichischen Linien durch preußische Kavallerie brachte dann die Gefechtsaufstellung des Prinzen Karl, der hier zum letzten Mal den Oberbefehl führte, endgültig zum Einsturz. Der Sieg des Königs war vollständig und wiederum spektakulär. Er zwang die Österreicher, das seit dem Herbst 1757 weitgehend zurückeroberte Schlesien wieder zu räumen. Auch die Hauptstadt Breslau mit einer beträchtlichen Besatzung musste wieder aufgegeben werden.

In der Forschung ist viel über dieses Mirakel spekuliert worden. Der ungewöhnlichen Disziplin der Armee muss zweifellos ein beträchtlicher Anteil an diesem Erfolg zugebilligt werden. Aber maßgeblich dürfte der Schlachtplan des Königs gewesen sein. Erst der geniale, in den Entscheidungen weniger Augenblicke konzipierte Umgehungsmarsch ermöglichte es, eine beinahe doppelt so starke Armee in den kurz bemessenen Stunden eines Winternachmittags zu überwinden und unter schwersten Einbußen zum Rückzug zu zwingen. Sicherlich kam dem König und seiner gesamten Generalität zugute, dass sie mit den Besonderheiten des Terrains auf das Genaueste vertraut waren. Dennoch besteht kein Zweifel, dass sich Friedrich am Ende dieses dramatischen, von schweren Rückschlägen und unsäglichen Strapazen gekennzeichneten Feldzugsjahres auf dem Höhepunkt seiner Feldherrnkunst befand. Allerdings zwangen ihn die politischen und militärischen Umstände, unter denen er diesen schließlich Siebenjährigen Krieg begonnen hatte, die Entscheidung in einem weiteren Feldzug wiederum in der Offensive zu suchen. Auch wenn inzwischen an neue Eroberungen nicht mehr zu denken war, musste er erneut die Initiative ergreifen, um wenigstens einen seiner Gegner abschütteln zu können.

Immerhin konnte er sich nach der Neuformierung einer von England unterstützten Observationsarmee unter dem Kommando des Herzogs Ferdinand von Braunschweig – dem Schwager des Königs, der sich neben seinem überragenden Talent als Feldherr in kürzester Zeit auch als glänzender Heeresorganisator erweisen sollte – sicher sein, dass den Franzosen ein Vorstoß nach Mitteldeutschland so schnell nicht wieder gelingen würde. Der Plan für den Feldzug 1758 sah demnach vor, dieses Mal nach Mähren vorzudringen, um nach der Wegnahme der strategisch wichtigen Festung Olmütz die Hauptkräfte der Österreicher abseits der entscheidenden Konfliktregionen zu binden und in Schach zu halten. Denn alle Anzeichen sprachen dafür, dass 1758 erstmals auch eine russische Armee in den Konflikt um Schlesien eingreifen und womöglich die brandenburgischen Kurlande selbst bedrohen würde.

Die Belagerung von Olmütz musste nicht zuletzt wegen des Verlustes eines dringend benötigten Nachschubkonvois abgebrochen werden. Der König setzte sich nach dieser empfindlichen Schlappe – dieses Mal wohlgeordnet – in die Neumark in Marsch und überquerte die Oder, um den russischen Eindringlingen sogleich entgegentreten zu können. Obwohl sich auch andere Optionen anboten, griff er die Russen nach einem vergeblichen Umfassungsversuch frontal an und konnte sie schließlich hinter die Ortschaft Zorndorf zurückdrängen. Aber welch ein Sieg! Das Ganze kam einem Gemetzel gleich, das auch den König und seine Armee in der glühenden Hitze eines Augusttages erheblich schwächte, zumal die Russen trotz ihrer enormen Verluste zunächst keine Anstalten machten, sich über die Landesgrenzen hinaus zurückzuziehen. Der König brach dennoch unter Zurücklassung eines Observationskorps nach Süden auf, um sich bei Dresden mit der Armee seines Bruders, des Prinzen

Heinrich, zu vereinigen. Danach machte er sich auf den Weg
nach Schlesien, wobei er die ihn verfolgenden und ständig belästigenden Österreicher geradezu einlud, ihn trotz ihrer sprichwörtlichen Zögerlichkeit aus dem Hinterhalt heraus anzugreifen.
Auf einer Zwischenetappe bezog Friedrich mit seiner weit unterlegenen, etwa 30 000 Mann starken Armee eine Lagerstellung
bei Hochkirch, die sich auf der rechten Flanke in risikogewohnter Sorglosigkeit an ein ausgedehntes, unübersichtliches Waldgebiet anlehnte. Noch vor Tagesanbruch formierten sich mehrere
Zugkolonnen zu einem gut koordinierten Überraschungsangriff
auf die Lagerstellung des Königs, der vor Erschöpfung noch
schlief und sich trotz des Getöses um ihn herum nicht zum Aufstehen bewegen lassen wollte. Aber dann traf er nach den ersten
Gefechten Entscheidungen, die erstmals auf das Eingeständnis
einer nicht mehr abzuwendenden Niederlage hinausliefen. So
gelang es ihm, eine Auffangposition für seine geschlagene Armee
zu errichten und damit einen geregelten Rückzug in eine neue
Lagerstellung zu ermöglichen. Zu den Verlusten unter seinen
engsten Kampfgefährten kam die Nachricht vom Tod seiner
Schwester Wilhelmine, die ihn außerordentlich tief erschütterte.

Ein fundamentaler Wandel in der taktischen Grundeinstellung war nach entsprechenden, auch schriftlich überlieferten
Bilanzierungsversuchen des Königs insofern eingetreten, als
nach den bisherigen, nur mit Mühe wettzumachenden Verlusten
an eine Offensive, wie sie nach dem ursprünglichen Präventivkriegskonzept unumgänglich schien, nicht mehr zu denken war.
Friedrich sah sich also zum ersten Mal genötigt, seinerseits abzuwarten und die Zeit der Winterquartiere ausschließlich auf die
Ergänzung und Neuformierung seiner Armee zu verwenden. Er
blieb während der Wintermonate in Breslau und versuchte nach
dem Verlust so vieler inniggeliebter Freunde und Vertrauter
durch Poesie, Musik und gesellige Divertissements wieder zu
Kräften zu kommen.

Der König beließ seine Hauptarmee in Niederschlesien, in der
Ebene also, wo er dem Feind eine entscheidende Niederlage beizubringen hoffte, und beauftragte drei kleinere Korps, dem
Gegner in Sachsen, Oberschlesien und Pommern durch Streif-

züge mit begrenzter Zielsetzung Schaden zuzufügen. Friedrich hatte sich demnach darauf verlegt, Daun, den er als seinen Hauptkontrahenten betrachten musste, die Initiative zu überlassen und – wie bisher die Österreicher – darauf zu warten, bis sich die Gelegenheit zu einem aussichtsreichen Gegenschlag bot. Ende Juli 1759 zeichnete sich jedoch ab, dass ein konzentrischer Angriff der russischen Hauptarmee im Zusammenwirken mit einem nach Norden entsandten Armeekorps der Österreicher unter dem Kommando des später noch als bedeutender Feldherr in Erscheinung tretenden Feldmarschallleutnants Ernst Gideon Freiherrn von Loudon geplant war. Nachdem der Versuch gescheitert war, den Gegner vor dem Vorstoß an die Oder aufzuhalten, geriet nun die Kurmark und damit auch die Hauptstadt in unmittelbare Reichweite der russischen Waffen. Der König zögerte keinen Augenblick, Anfang August die Oder unterhalb von Frankfurt zu überschreiten, auf Kunersdorf vorzustoßen und den Gegner trotz ungünstiger Geländebeschaffenheit und der Verschanzungen seines höhergelegenen Lagers anzugreifen. Da eine Frontaloffensive aussichtslos erschien, entschloss sich der König nach einem kräftezehrenden Anmarsch in den Mittagsstunden eines heißen Sommertages, am 12. August 1759, gegen den auf dem Mühlberg postierten linken Flügel der russischen Gefechtsaufstellung vorzugehen. Nach durchaus beachtlichen Anfangserfolgen der preußischen Infanterie beharrte der König auf einer Fortsetzung der Kämpfe, bis sich nach unbeschreiblichen Verlusten und einem bedrohlichen Entlastungsangriff Loudons erwies, dass die langgestreckte Lagerstellung wegen ihrer quer verlaufenden Hohlwege von einer der Flanken her nicht aufgerollt werden konnte. Die Folge war, dass die preußische Armee ohne Halt und Ordnung die Flucht ergriff und die gesamte Feldartillerie auf der Walstatt zurücklassen musste. Erst am 14. August, zwei Tage nach dem blutigen Gemetzel, gelang es, die Reste einer dezimierten und schwer erschütterten Armee über die Oder zurückzuführen und neu zu formieren.

In einem Zustand völliger Erschöpfung und angesichts der Katastrophe, die in unmittelbarer Nähe der Lebenszentren sei-

Jean-Antoine Houdon:
Prinz Heinrich (1784)

nes Landes über ihn hereingebrochen war, hegte Friedrich erneut
Freitodpläne. Eine Vielzahl entsprechender Äußerungen sind
überliefert. Aber nach wenigen Tagen kaum zu ermessender
Niedergeschlagenheit fasste er neuen Mut. Er übernahm wieder
den Oberbefehl, ließ Geschütze beschaffen und stieß nach Süd-
westen auf Fürstenberg vor, um den mittlerweile über die Oder
gesetzten Alliierten den Weg nach Berlin zu verlegen. Daun stieß
mit einem Kontingent der österreichischen Armee flankiert von
einem weiteren Detachement nach Norden vor, um die Operationen der Verbündeten zu unterstützen. Doch am 28. August,
gut vierzehn Tage nach dem Treffen von Kunersdorf, wandten
sich die Russen mit dem Argument, sich genügend für das
Kriegsziel aufgeopfert zu haben, nach Süden in Richtung auf
Lieberose und zogen auch die Heeresgruppe unter Loudon mit
sich, die aus logistischen Gründen auf die Unterstützung der
Russen angewiesen war. Dieser Abmarsch erschien Friedrich wie

das «Mirakel des Hauses Brandenburg». Hier fällt in einem Brief an den Bruder Heinrich wie ein tiefer Seufzer das Stichwort, das dann kennzeichnend für den ganzen Krieg werden sollte. Und tatsächlich war dieses Ereignis eine Wende. Denn nur im Zusammenwirken dieser beiden für die ostmitteleuropäischen Kräfteverhältnisse maßgeblichen Hegemonialmächte war die Schlesienfrage im Sinne des habsburgischen Besitzanspruchs zu revidieren. Niemals zuvor waren die Verbündeten diesem gemeinsamen Kriegsziel so nahe. Niemals zuvor war der König in einer so ausweglosen Lage wie in diesen Wochen. Und nun diese schicksalhafte Wende!

Sie hatte mehrere Gründe. Ein wesentlicher bestand darin, dass Prinz Heinrich den Vorstoß Dauns in die Mark Brandenburg dazu genutzt hatte, um in dessen Rücken die Nachschublinien der Österreicher nach Böhmen zu unterbrechen. Diese Manöver veranlassten Daun zu sofortiger Umkehr und den Oberkommandierenden der Russen, Saltykow, zu dem endgültigen Entschluss, sich über die Oder zurückzuziehen und alle Kooperationspläne während dieses Feldzugs aufzugeben. Der König folgte der russischen Armee und konnte so die Einnahme der Oderfestung Glogau verhindern. Er bezog ein Lager bei Sophienthal, wo er nach einem heftigen Gichtanfall mehrere Wochen lang halb gelähmt das Bett hüten musste. Er nutzte die Zeit trotz seiner Schmerzen zu einem reflektierenden Essay über den Schwedenkönig Karl XII., dessen schillernde Heldengestalt ihn seit seiner Jugend beschäftigt hatte. Aber dann brach er Anfang November nach Sachsen auf und beorderte den erfahrenen Generalleutnant Friedrich August von Finck mit einem Observationskorps von 15000 Mann in den Rücken der österreichischen Hauptarmee. Und obwohl ihm viele seiner Ratgeber die Brisanz dieses Detachements deutlich vor Augen stellten, beharrte er auf seinem Befehl. Die Folge war, dass bei der Ortschaft Maxen erneut eine ganze Heeresgruppe samt acht Generälen und allen Stabsoffizieren in Gefangenschaft geriet.

Auch im fünften Feldzugsjahr, 1760, war an offensive Operationen nicht mehr zu denken. Die ersten Monate vergingen mit Märschen und Scheinmanövern, die jede Entscheidungsschlacht zu vermeiden versuchten. Auf einem dieser Parallelmärsche zwischen Sachsen und Schlesien war es Daun gelungen, die preußische Armee auf einer weiter südlich gelegenen Route zu überflügeln und auch das in Schlesien operierende loudonsche Korps an sich zu ziehen. Die Österreicher verfügten auch hier wieder über eine erdrückende Übermacht und zeigten sich entschlossen, den König dieses Mal nicht entkommen zu lassen. Nach vergeblichen Versuchen, sich aus seiner prekären Lage zu befreien, bezog Friedrich in der Nacht vom 14. auf den 15. August 1760 eine Lagerstellung, angelehnt an die Stadt Liegnitz. Schon in der Dunkelheit brach er indessen auf und stieß auf das sich von Osten her nähernde Korps Loudon, das beinahe ebenso stark war wie die gesamte preußische Armee. Es kam zu einem kurzen, aber erbitterten Gefecht, das Loudon zum Rückzug auf seine jenseits der Katzbach gelegene Ausgangsposition nötigte, ohne dass die Hauptarmee und das Korps Lacy in die Kämpfe hätten eingreifen können. Durch das Zurückweichen Loudons war nun die Bresche in die mit großem taktischen Geschick herbeigeführte Umzingelung der preußischen Armee geschlagen, die der König sogleich zu einem wohlgeordneten Rückzug nutzen konnte. Er erreichte mit diesem Befreiungsschlag auch, dass ein Zusammenwirken mit den Russen wie im Jahr zuvor kaum noch möglich war.

Inzwischen waren jedoch kleinere Abteilungen der Österreicher und Russen bis nach Berlin vorgedrungen und verwüsteten in der Residenz, was ihnen in die Hände fiel. Erst der Anmarsch des Königs veranlasste sie, sich fluchtartig wieder zurückzuziehen. Dann wandte sich Friedrich in Richtung auf die mittlere Elbe. Die mit Ungeduld herbeigesehnte Gelegenheit zu einem erneuten Waffengang schien sich dem König Anfang November 1760 zu eröffnen, als Daun auf Drängen der Wiener Hofburg nach Torgau vorgerückt war und ein Lager auf einem dünenartigen Höhenzug nordwestlich der Stadt bezogen hatte. Der König teilte seine Armee und überließ Ziethen den südlichen Abschnitt bei Süptitz, während er selbst die Stellung der Österreicher in einem mehrstündigen Marsch von Nordwesten her zu umgehen versuchte. Daun empfing die erst am frühen Nachmittag angriffs-

bereiten Linien mit heftigem Artilleriefeuer, das ganze Eliteein-
heiten sofort dahinraffte. Auch ein zweiter Angriff wurde ebenso
wie eine Kavallerieattacke unter hohen Verlusten abgewiesen.
Die Schlacht entschied sich durch einen energischen Angriff des
im Süden verbliebenen Armeekorps unter Ziethen, dem es bei
Einbruch der Dunkelheit gelang, auf das Plateau vorzudringen,
das den österreichischen Linien und besonders den Artilleriestel-
lungen so außerordentlichen Rückhalt geboten hatte. Die preußische Armee behauptete sich am Ende also, während die Österreicher auf das Ostufer der Elbe zurückzuweichen gezwungen
waren. Das strategische Kalkül freilich, Daun endgültig aus
Sachsen zu verdrängen, schlug fehl.

Schon der Feldzug 1760 hatte gezeigt, dass dem König trotz
der zunehmenden Kriegsmüdigkeit auch auf Seiten seiner Alliierten das Gesetz des Handelns immer mehr entglitt und im
Grunde nur noch Abwehr- und Rückzugsgefechte vor einem zahlenmäßig überlegenen Gegner in Betracht kamen. Das Kriegs-
geschehen des Feldzugs 1761 würde sich, das zeigte sich auch an
der Kompetenzverteilung unter den österreichischen Heerfüh-
rern, ganz auf die Wiedergewinnung Schlesiens konzentrieren.
Dort wurde unter dem Oberbefehl Loudons eine Armee von
72 000 Mann zusammengezogen, die den Versuch unternehmen
sollte, erneut mit der russischen Armee in Verbindung zu treten.
Beide Parteien verharrten zunächst jedoch in abwartenden Posi-
tionen. Erst am 19. Juli 1761 kam durch einen Vorstoß Loudons
über die Pässe des Eulengebirges Bewegung in ein durch taktische Manöver gekennzeichnetes Szenarium. Dennoch wurde auf
beiden Seiten tastend und lauernd manövriert, um jede Blöße,
die sich der Feind hätte zunutze machen können, zu vermeiden.
Mitte August gelang es den Verbündeten jedoch, ihre Operationen zu koordinieren und dem König erstmals in Schlesien eine
gigantische Armee von etwa 130 000 Mann entgegenzustellen.

Angesichts der zahlenmäßigen Überlegenheit seiner Gegner
verzichtete der König auf jeden Angriffsversuch und damit auf
das so häufig, beinahe blindlings verfolgte Prinzip, alles den Un-
wägbarkeiten einer Schlacht zu überlassen. Vielmehr zog er sich
bei Bunzelwitz auf eine etwas höher gelegene Lagerstellung zu-

rück, die er ungeachtet der zahlreichen Wasserläufe und Sümpfe
zu seinen Füßen durch Gräben und Baumverhaue zusätzlich be-
festigen ließ. Vieles erinnerte an die Stellung der Verbündeten,
die ihm in der Schlacht von Kunersdorf zum Verhängnis geworden war. Der Unterschied zu dem Desaster von 1759 bestand nur
darin, dass die Verbündeten ihren von Loudon entworfenen
Angriffsplan erst gar nicht auszuführen versuchten, sondern
unentschlossen und zerstritten mit ihren gewaltigen, allerdings
weit auseinandergezogen lagernden Truppenaufgeboten in ihren
Ausgangspositionen verharrten. Der König war während der sich
abzeichnenden Umschließung des eigentümlich improvisierten
Lagers ständig unter seinen Truppen. Er ließ sich hinter der
eigentlichen Frontlinie ein Zelt aufschlagen und begnügte sich
mit den kärglichen Mahlzeiten, die unter den gegebenen Umständen für die gesamte Armee geboten werden konnten. Die Nacht
verbrachte er auf einer Schanze auf einem Strohballen unter
freiem Himmel. Dabei wirkte er gelassen und war leutselig wie
vor der Schlacht von Leuthen. Und hier erwies sich einmal mehr,
dass die Allgegenwart eines *roi connétable* ein Faktor war, der
nicht nur für die Moral der eigenen Truppen, sondern auch für
das Verhalten des Gegners in entscheidender Weise ins Gewicht
fiel.

Am 31. August war der Aufmarsch der Alliierten und ihre
weitgefächerte, für den König natürlich einsehbare Gefechtsaufstellung abgeschlossen. Doch zog der seit dem Beginn des
Feldzugs noch einmal ausgewechselte Oberbefehlshaber der russischen Armee Buturlin seine Zustimmung zu Loudons Schlachtplan plötzlich zurück und ließ einstweilen alles in der Schwebe.
So standen sich die feindlichen Armeen tagelang untätig gegenüber, bis am 9. September der Belagerungsring ohne erkenn-
baren Grund aufgehoben wurde und die russische Armee den
Rückzug antrat. Der König ergriff sofort die Initiative und entsandte ein Observationskorps in den Rücken Buturlins. Diesem
Detachement gelang es, die Russen zu überflügeln und ihren
Nachschublinien so erheblichen Schaden zuzufügen, dass der
Rückzug beschleunigt werden musste. Ohne dass größere Ver-
luste zu beklagen waren, hatte der König also ein weiteres Feld-

zugsjahr unbeschadet überstanden. Am 30. September jedoch, als Friedrich schon mit dem Abflauen der Kampfhandlungen rechnete, gelang es Loudon, die Festung Schweidnitz, eine der wichtigsten Bastionen in Schlesien, im Handstreich zu nehmen. Die Folge war, dass erstmals seit der Annektierung Schlesiens wieder österreichische Truppen diesseits der Gebirge ihre Winterquartiere beziehen konnten. Trotz des insgesamt glimpflichen Ausgangs des Manöverkriegs war dieser Verlust ein schwerer Rückschlag.

Die Lage des Königs spitzte sich auch insofern zu, als nach der Demission des britischen Staatssekretärs William Pitt d. Ä. am 5. Oktober 1761 «the German war» in der englischen Öffentlichkeit immer unpopulärer wurde und unter dem Außenminister Lord Bute, dem Nachfolger Pitts, schließlich beendet wurde. Pitt war der unverdrossen werbende Vertreter einer Politik, durch die das Inselreich auf den Weltmeeren und in den Kolonien eine unangefochten hegemoniale Stellung zu erringen vermochte, ohne dabei die Kontinentalpolitik zu vernachlässigen. Das militärische Engagement Englands im Reich galt naturgemäß dem Schutz des Kurfürstentums Hannover, das durch das Haus Hannover in Personalunion mit der Insel verbunden war, zugleich aber dem Ziel, Frankreich, den Hauptrivalen in Übersee, in einen kostspieligen und zermürbenden Kontinentalkrieg zu verwickeln. Nachdem dieses Ziel durch eigene Erfolge in den Kolonien und eine Reihe glänzender Siege des Herzogs Ferdinand von Braunschweig auf dem westdeutschen Kriegsschauplatz weitgehend erreicht schien, schwand in den Parlamentsgremien die Bereitschaft, sich mit den beträchtlichen Subsidienzahlungen in Höhe von 4 Millionen Reichstalern jährlich an den Preußenkönig zu binden. Ein Friedensschluss mit Frankreich auch ohne den preußischen Bündnispartner war längst das erklärte Ziel der Londoner Politik. Und da überdies die jeweils nur für ein Jahr gültigen Zahlungsvereinbarungen im Winter 1761/62 ausliefen, war nicht einmal ein Vertragsbruch erforderlich, um sich Schritt für Schritt aus der Allianz mit Preußen zu lösen.

Darüber hinaus trat zu Beginn des Jahres 1762 noch eine weitere Wende ein, die das Mächteszenarium grundlegend verändern sollte. Am 5. Januar war in St. Petersburg die russische Zarin Elisabeth Petrowna gestorben. Als entscheidender erwies sich jedoch, dass der Thronfolger Peter III. aus dem Hause Holstein-Gottorf ein glühender Verehrer Friedrichs war. Schon während der letzten Feldzüge hatten die Spannungen und Gegensätze am Zarenhof zu erheblichen Differenzen über die Kriegsziele und zur ständigen Ablösung der Oberkommandierenden geführt. Aber jetzt erteilte Peter den Kommandeuren seiner Truppen den Befehl, die Kampfhandlungen unverzüglich einzustellen. Die Kriegsallianz war also an einer Stelle zerbrochen, die sich für die Selbstbehauptung Preußens und die endgültige Annektierung Schlesiens als entscheidend erweisen sollte. Denn nach einem Friedens- und Freundschaftsvertrag mit Russland, der am 5. Mai 1762 in St. Petersburg unterzeichnet wurde, willigte auch Schweden am 22. Mai in einen Waffenstillstand ein, der für den König eine weitere Entlastung bedeutete. Die Folge war, dass sich russische Truppen nicht nur aus den besetzten preußischen Territorien zurückzogen, sondern auch für ein gemeinsames Vorgehen gegen den bisherigen Verbündeten zur Verfügung stehen sollten.

Dennoch gingen die Gefechte in Schlesien weiter. Den Dreh- und Angelpunkt heftiger Kämpfe bildete die Festung Schweidnitz, die von preußischer Seite unbedingt zurückerobert werden sollte. Ungeachtet des plötzlichen Rückzugs des russischen Armeekorps nach der Gefangennahme und Ermordung des Zaren Peter gelang es dem König, die Österreicher zum Rückzug zu veranlassen. Friedrich kannte das Gelände um die Ortschaft Burkersdorf durch die ununterbrochenen Stellungskämpfe der vergangenen Jahre genau. Und so wagte er am 21. Juli unter beinahe aussichtslosen Voraussetzungen einen Angriff auf die hochgelegene, mit Schanzen und Verhauen gesicherte Lagerstellung der Österreicher. Er führte unter vergleichsweise geringen Verlusten zu dem erstaunlichen, auch dem König persönlich zuzurechnenden Ergebnis, dass der Oberkommandierende Daun seine Stellung und damit die Verbindung zur Festung Schweidnitz aufgeben musste. Am 9. Oktober konnte die Stadt schließlich zurückerobert und ein weiterer Entsatzversuch der österreichischen Hauptarmee abgewiesen werden.

Nach anfänglichen Sondierungen schon zu Beginn des Jahres 1761 ging der erste konkrete Schritt zu einem Friedensschluss von Sachsen aus. Aber erst auf Vermittlung der soeben auf den Thron gelangten Zarin Katharina II., der Gemahlin Peters III., konnten am 30. Dezember 1762 auf dem kurfürstlich-sächsischen Jagdschloss Hubertusburg in der Nähe von Leipzig Friedensverhandlungen aufgenommen werden. Sie führten am 15. Februar 1763 zu einer Regelung des Status quo ante zwischen Preußen, Österreich und Sachsen. Schlesien einschließlich der Grafschaft Glatz blieb demnach in preußischem Besitz, während Sachsen als eines der Kurfürstentümer des Reiches ohne territoriale Einbußen restituiert wurde. Es war damit in einvernehmlichen Absprachen gelungen, die ehemals alliierten Großmächte Großbritannien, Frankreich und Russland von einem die internen Reichsbelange regelnden Abkommen fernzuhalten.

Ungeachtet aller weitreichenden, das gesamte Mächtesystem berührenden Fragen machte der Friedensschluss von Hubertusburg deutlich, dass in diesem Konflikt zunächst einmal innerdeutsche Rivalitäten und Machtansprüche zur Entscheidung gestanden hatten. Es war seit der vor allem von Kaunitz zusammengehaltenen großen Allianz unverkennbar geblieben, dass nicht die überseeischen Perspektiven des englisch-französischen Gegensatzes oder die Außensteuerungspläne des Zarenreiches in Ostmitteleuropa als Kriegsziel maßgeblich waren, sondern die Revisionsabsichten des Kaiserhauses in der Schlesienfrage. Als schließlich die außerordentlichen politischen und militärischen Anstrengungen, die zur Durchsetzung dieses Ziels unternommen worden waren, in einer Konstellation völligen Stillstandes endeten und gerade auch auf österreichischer Seite die für eine Weiterführung der Kämpfe nötigen Ressourcen versiegten, erschien ein Friedensschluss als einziger Ausweg. Bereits am 10. Februar 1763 hatten sich Großbritannien und Portugal auf der einen, Frankreich und Spanien auf der anderen Seite im Frieden von Paris über die tiefgreifende Neuregelung der kolonialen Besitzverhältnisse geeinigt. Das schon 1759 beschworene «Mirakel des Hauses Brandenburg» war also tatsächlich eingetreten.

Es gab sicherlich eine Reihe struktureller Faktoren, die als

Gründe für das Scheitern der großen Allianz der Gegner Preußens angeführt werden können. Der König selbst hatte ja bereits in seinem Essay über die *Taktik und einige Aspekte des Krieges* von 1758 auf die wesentlichen taktischen Fehler hingewiesen, denen Preußen seine Rettung verdankte. Aber auch der persönliche Anteil des Königs ist – wie immer wieder zu betonen war – für die Sicherung des Status quo als entscheidend zu veranschlagen. Friedrich hat im Siebenjährigen Krieg ein eigenes und sich immer schärfer ausprägendes Profil gewonnen. Die außerordentliche Angespanntheit der politischen Lage, in die er Preußen sogleich nach seiner Thronbesteigung hineinmanövriert hatte, zog eine Entschlossenheit der Kriegführung nach sich, die im Ancien Régime einzigartig und ebenso unberechenbar wie furchterregend war. Das unbeirrbare Streben des Königs, Preußen in den Kreis der großen Mächte hineinzuführen, forderte zwangsläufig ein strategisches Konzept, das sich von dem der anderen Mächte hinsichtlich des absoluten Durchsetzungswillens unterschied.

Hinzu kam, dass der König zugleich auch von einer Reihe von Vorteilen profitierte, die mit seinem Status als kriegführender Souverän verknüpft waren. Schon die Zeitgenossen erkannten die unterschiedlichen Voraussetzungen, unter denen die Kontrahenten Krieg führten, sehr genau. So wurde immer wieder sehr scharfsinnig unterstrichen, dass die Oberbefehlshaber der verbündeten Armeen nur Maßnahmen ergreifen konnten, deren Risiko absolut berechenbar war. Sie waren Feldherren, urteilte Clausewitz rückblickend, in seinem großen Werk *Vom Kriege*, «die im Auftrag handelten, und deswegen Männer, in welchen die Behutsamkeit ein vorherrschender Charakterzug war». Und so besteht kein Zweifel, dass gerade auch Gefechte, in denen der König zum Teil katastrophale Niederlagen hatte hinnehmen müssen, diese Wirkung hervorgerufen haben. Durch die unaufhörliche Anspannung aller verfügbaren Kräfte und die Unerbittlichkeit seines Angriffswillens hatte er sich einen Nimbus erworben, von dessen einschüchternder Bedrohlichkeit er auch dann zu zehren vermochte, wenn er wie in der Schlacht von Kunersdorf entscheidend geschlagen wurde. Nur so kann letztlich das

immer wieder rätselhafte Zögern der meisten seiner unmittelbaren Gegenspieler erklärt werden.

Der Siebenjährige Krieg war demnach kein beliebiger Krieg.
Er war ein klassischer «Staatsbildungskrieg» (Johannes Burk-
hardt), insofern er Preußen den lange verwehrten Rang im Konzert der Mächte sichern sollte. Es ging bei dieser außerordentlichen Kraftanstrengung um die Selbstbehauptung eines noch
unfertigen Staates. Dass dieses Standhalten am Ende zum Erfolg
führte, bedeutete konkret und längerfristig, dass die Ansicht gescheitert war, den bereits fest etablierten Numerus clausus der
großen Mächte aufrechtzuerhalten und nachdrängende, um
ihren Aufstieg kämpfende Mittelmächte von dem «europäischen
Machtverteilungssyndikat» (Friedrich Meinecke) fernzuhalten.
Preußen gehörte nach dem «Mirakel des Hauses Brandenburg»
endgültig zum Areopag der großen Mächte und wirkte im Rahmen der Pentarchie nun seinerseits daran mit, dass mächtepolitische Spielregeln eingehalten wurden und das Gleichgewicht der
Bündnissysteme auf dem Status quo unangetastet blieb.

Ungeachtet der elementaren Energien, die zwischen den
Hauptkontrahenten freigesetzt wurden, war der Siebenjährige
Krieg aber eine jener Haupt- und Staatsaktionen, wie sie sich in
der permanenten Rivalität souveräner Fürstenstaaten gerade
im Ancien Régime mit kurzen Unterbrechungen immer wieder
ereignet haben. Es handelte sich nach dem Selbstverständnis
aller Beteiligten um einen Staatenkrieg, in dem ausschließlich
die Regenten und ihre Funktionsträger als Handelnde in Erscheinung traten. Auch dieser Waffengang war wie die meisten
Kabinettskriege des 17. und 18. Jahrhunderts ein Hegemonial-
krieg, zwischen Österreich und Preußen auf dem kontinentalen
und zwischen England und Frankreich auf dem überseeischen
Kriegsschauplatz. Was den europäischen Krieg im engeren Sinn
betraf, so war der Wiener Hof die treibende Kraft. Er hatte sich
sogleich nach dem Abschluss des Aachener Friedens im Jahre
1748, als die Annektierung Schlesiens in einem internationalen
Friedensvertrag bestätigt worden war, das Ziel gesetzt, dem
durch Rechtsbruch und Usurpation erreichten Aufstieg des
preußischen Rivalen entgegenzutreten und eine Revision der

Schlesienfrage auf diplomatischem und militärischem Wege herbeizuführen. Der Siebenjährige Krieg ist deshalb mit gutem Grund als der Dritte Schlesische Krieg bezeichnet worden. Er war ein exklusiver Staatenkonflikt – ein Ehrenhandel unter souveränen, satisfaktionsfähigen Potentaten, durch den die verletzte Reputation eines der beteiligten, an Suprematie gewöhnten Dynasten und das prästabilierte Ordnungsgefüge der großen Mächte wiederhergestellt werden sollte.

6. Das *Rétablissement*: Das Wiederaufbauwerk der Nachkriegszeit

Nichts war nach diesem Krieg mehr so wie vorher. Der König kehrte nach Jahren der Abwesenheit in eine Residenz zurück, die ihm unheimlich und fremd geworden war. Nur ganz gelegentlich tauchen in seinen Äußerungen Reminiszenzen des Grauens auf, das dieser Krieg auch in seinem eigenen Bewusstsein hinterlassen hat. Sogar seinem Bruder, dem Prinzen Heinrich, seinem vielfach murrenden, aber letztlich loyalen Mitstreiter, vertraute er über das Geschehene an, dass dieser Krieg «so viel Blut, Sorgen und Verluste verursacht hat». Und spätestens seit dem Kunersdorfer Desaster hatte er auch Abschied genommen von dem ihn anfänglich so sehr inspirierenden Leitmotiv, das ihn in die Abenteuer der Schlesischen Kriege geführt hatte: dem Phantom ewiger Unsterblichkeit als Feldherr. «Unser Kriegsruhm», schrieb er in tiefer Resignation, «ist aus der Ferne betrachtet sehr schön, aber wer Zeuge ist, mit welchem Jammer und Elend dieser Ruhm erkauft wird, unter welchen körperlichen Entbehrungen und Strapazen, in Hitze und Kälte, in Hunger, Schmutz und Blöße, der lernt über den ‹Ruhm› ganz anders zu urteilen.» Er sei, schrieb er am 27. September 1762 an den eng mit ihm befreundeten Marquis d'Argens, an Unglück und Widerwärtigkeiten so sehr gewöhnt und gegenüber allen Ereignissen auf dieser Welt so gleichgültig geworden, dass er jetzt fast gar nichts

mehr dabei empfinde, was ihn früher einmal so tief beeindruckte.
Er habe während des Krieges so sehr gelitten, «dass meine seeli-
sche Kraft völlig erschöpft ist und dass sich eine Hülle von
Gleichgültigkeit und Unempfindlichkeit gebildet hat, die mich
zu nichts mehr tauglich macht». Das Ende des Krieges hatte also
für den König auch einen ganz persönlichen Zäsurcharakter.

Die Verluste, die der Krieg verursacht hatte, waren beträchtlich. Nach neueren Schätzungen betrugen sie eine halbe Mil-
lion Gefallener aller am Krieg beteiligter Mächte. Der König
bezifferte die Kriegsverluste allein auf preußischer Seite auf
180 000 Tote. Aber auch unter der Zivilbevölkerung waren viele
Opfer zu verzeichnen. So sank die Einwohnerzahl der Kur- und
Neumark um jeweils 57 000. Für die Gesamtmonarchie dürfte
ein Bevölkerungsschwund von 300 000 bis 400 000 Einwohnern anzunehmen sein. Friedrich notierte in der rückblickenden
Weiterführung seiner *Denkwürdigkeiten*, dass zahlreiche Dörfer
in Schutt und Asche gelegt und die Städte verwüstet worden
seien. «Um sich eine Vorstellung von der allgemeinen Zerstörung
zu machen», fuhr er fort, «um die Trostlosigkeit und Entmuti-
gung der Untertanen zu ermessen, muss man sich völlig ver-
heerte Landstriche vorstellen, in denen die Spuren ehemaliger
Siedlungen kaum noch zu finden waren […], 13 000 verschwun-
dene Häuser, nirgends bestellte Äcker und kein Getreide mehr
für die Bewohner.» Das war alles umso einschneidender, als in
der Doktrin merkantilistischer Wirtschaftspolitik die Vermeh-
rung der Bevölkerung einen hohen, beinahe kanonischen Stel-
lenwert besaß und immer wieder zu Versuchen europäischer
Potentaten führte, Fremde – vor allem handwerklich geschulte
Kolonisten und Exulanten – ins eigene Land zu holen. Hinzu
kam, dass nun die Folgen der mit Konsequenz betriebenen
Münzverschlechterungspolitik spürbar wurden, die sich im Ver-
fall des Geldwerts und einer sich beschleunigenden Teuerung
bemerkbar machte. Viele dieser enormen Belastungen müssen
als unmittelbare Kriegsfolgen betrachtet werden. Eine allgemeine
Wirtschafts- und Bankenkrise erfasste darüber hinaus den gesamten kontinentalen Finanz- und Handelsverkehr und lähmte
in besonderer Weise die preußische Binnenkonjunktur.

Unverkennbar ist jedoch, dass Friedrich sich unverzüglich an den Wiederaufbau des geschundenen Landes und der dezimierten Armee machte. Bereits im Mai 1762 kehrte er auf einer Inspektionsreise durch die am schwersten vom Krieg heimgesuchten Provinzen noch einmal in die Neumark und auf die Schauplätze seiner Auseinandersetzungen mit den Russen zurück und erlitt danach einen Zusammenbruch mit schweren Lähmungserscheinungen, von denen er sich nur langsam erholte. Einen tiefen Einschnitt in das bestehende Wirtschaftssystem stellte das Deklarationspatent vom 14. April 1766 dar, das die Akzisesätze neu festlegte und dabei auch sozialen Gesichtspunkten Rechnung zu tragen suchte. So wurde die Steuer auf Getreide ganz abgeschafft, während die Akzisesätze auf Bier, Branntwein und Schlachtfleisch ebenso erhöht wurden wie auf ausgesprochene Luxusgüter, die importiert werden mussten. Noch im selben Jahr wurde die Erhebung aller indirekten Steuern der sogenannten «Regie» übertragen, einer aus französischen Amtsträgern gebildeten Behörde, die unter der Leitung des ebenfalls aus Frankreich berufenen La Haye de Launay die Eintreibung der Steuern in die Hand nehmen sollte, und zwar am Generaldirektorium und den nachgeordneten Kommissariatsbehörden vorbei. Diese Maßnahme führte in einem insgesamt wohlgeordneten und bewährten Verwaltungssystem nicht nur zu Verwirrung und Vertrauensverlust, sondern auch zu einer wachsenden Entfremdung zwischen den Untertanen und einer als despotisch empfundenen Obrigkeit, einer Entfremdung, die das Erscheinungsbild und die Wahrnehmung des «Alten Fritz» insgesamt geprägt hat.

Trotz der Indifferenz des Königs gegenüber einem theoretisch fundierten Wirtschaftskonzept scheint er sich zahlreiche Detailkenntnisse durch das Vorbild des Vaters sowie die Vorarbeiten und den Sachverstand einer Reihe überaus kompetenter Mitarbeiter erworben zu haben. So beauftragte er bereits im April 1762, als sich die Friedensschlüsse mit Russland und Schweden abzeichneten, den Geheimen Finanzrat im Generaldirektorium, Franz Balthasar Schönberg von Brenckenhoff, mit der Planung und Durchführung des Wiederaufbaus. Brenckenhoff galt als vorzüglicher Landwirt und hatte sich schon im Siebenjährigen Krieg durch umfangreiche Getreidelieferungen und die Beschaffung von Pferden Verdienste erworben. Die Instruktionen, die an Brenckenhoff ergingen, belegen eindrucksvoll die Absichten, die der König mit seinen *rétablissement*-Plänen verfolgte. Er wurde angewiesen, sämtliche Kreise der am schlimmsten betroffenen Provinzen zu bereisen und über seine Eindrücke und Erhebungen Bericht zu erstatten. Zugleich wurde er in einer ausführlichen Instruktion beauftragt, eine Bestandsaufnahme der Schäden und Verwüstungen zu liefern und dem König Vorschläge zu unterbreiten, wie den Einwohnern im Rahmen der bestehenden Möglichkeiten geholfen werden könne. Er wünschte genaue Aufstellungen, «um zu sehen, wie denen Ämtern auch Amts und Adelichen Unterthanen ohne Unterscheidt und durchgehends wiederum zu helfen und solche vorerst wieder auf die Beine zu bringen seyndt».

Das Ergebnis dieser Anweisungen war, dass über die entsprechenden Erhebungsbögen die Bevölkerungsverluste, die Zahl der verwüsteten Höfe und Feuerstellen, die Vorräte an Brot- und Saatgetreide und die Verluste an Vieh erfasst werden konnten. Im Zusammenhang mit diesen Bestands- und Schadensermittlungen fasste der König auch Pläne ins Auge, die auf eine generelle Verbesserung der bäuerlichen Rechtsverhältnisse abzielten. So äußerte er die Absicht, «dass bey der jetzigen Gelegenheit die Leibeigenschaft der dasigen Unterthanen überall gäntzlich aufgehoben und abgeschafft werden soll» und bisherige «unangemessene Dienste so reguliret werden, damit der Unterthan seine Wirthschaft füglich dabey verrichten könne».

Das waren Visionen von unerhörter Tragweite. Sie entsprachen Äußerungen, wie sie sich auch in Friedrichs *Politischen Testamenten* finden. So hatte er 1768 proklamiert, dass die Bauern «einen ansehnlichen Stand im Staate» bilden. «Sie tragen die Last; die Mühen sind für sie, der Ruhm für andere.» Aber bei der Statik der bestehenden Verhältnisse kann es im Grunde nicht verwundern, dass Reformen von solcher Radikalität nur in bescheidenem Umfang durchgesetzt werden konnten; sie stellten ein Problem dar, das erst in einem nachrevolutionären Kontext gelöst werden konnte. Und obwohl Friedrich in seinem Essay über *Regierungsformen* von 1777 noch einmal unterstrich, dass Schollenbindung und Erbuntertänigkeit «von allen Lebensumständen die unglücklichsten» sind – «nichts kann das menschliche Empfinden tiefer empören!» –, bekannte er sich in demselben Traktat doch zu der Einsicht, dass die Abschaffung der bäuerlichen Frondienste «die Landwirtschaft von Grund auf erschüttern» würde; denn der Staat hätte dann den Adel für seine Einkommenseinbußen zu entschädigen. Ein solcher Eingriff musste im Übrigen einen empfindlichen Rückgang in die Agrarproduktion nach sich ziehen. Das wollte der König aber in der Hast und Ungeduld seines Planens und Handelns unter allen Umständen vermeiden und deshalb verzichtete er sicherlich auch aus Gründen adliger Standessolidarität auf tiefgreifende Veränderungen der Agrarverfassung. Nirgendwo sonst stieß der König so offenkundig an die Grenzen seiner Macht wie bei den Versuchen, die soziale Stellung der Bauern zu verbessern, ohne dabei das materielle und rechtliche Fundament der adligen Grundherrschaft zu beschädigen. Der Einsicht in die Postulate aufgeklärter Humanität stand die Erkenntnis gegenüber, dass eine Durchsetzung dieser Prinzipien zum Einsturz einer Staats- und Wirtschaftsordnung führen musste, in der der Adel in einer strukturell unabänderlichen Weise eine privilegierte Stellung einnahm.

Um dem r*établissement* ländlicher Regionen aber gleichwohl Nachdruck zu verleihen, ordnete er an, das für den Wiederaufbau der Dörfer erforderliche Bauholz aus den königlichen Forsten unentgeltlich bereitzustellen. Der König traf darüber hinaus Anordnungen, wie die Verbesserung der Schafzucht und der Wollverarbeitung, die Aufforstung und Bepflanzung der verschiedenen Böden und die Einführung neuer Anbaumethoden vorangetrieben werden konnten. Ganz dem merkantilistischen Wirtschaftskonzept entsprechend versuchte er auch die Anwerbung von «Professionisten» und Manufakturisten zu fördern. Im Übrigen verzichtete er bis zum Jahresende 1764 auf noch ausstehende Kontributionen und Pachtgebühren und gewährte einer Vielzahl von Bauern einen erheblichen Steuernachlass.

Das r*établissement* stellte demnach ein Konzept dar, das im

Einklang mit den Wirtschaftsdoktrinen der Zeit den Wiederaufbau des Landes mit der allgemeinen Förderung von Handel und Gewerbe, mit Peuplierungs- und Meliorationsmaßnahmen, mit Urbarmachung und Erschließung ganzer Landstriche und dem Streben nach einer positiven Handelsbilanz zu verbinden versuchte. Das alles geschah unter obrigkeitlicher Aufsicht und Protektion, wobei die ebenso aufmunternde wie einschüchternde Allgegenwart des Königs unverkennbar war. An allen Instruktionen, die er etwa Brenckenhoff erteilte, aber vor allem an der Unerbittlichkeit, mit der er sich auf seinen Inspektionsreisen ähnlich wie der Vater Rechenschaft über den Zustand seiner Territorien abzulegen versuchte, wurde deutlich, dass der König der personifizierte Staat war, der bis ins kleinste Detail hinein Regie führte und nach Möglichkeit alles überwachte.

Anders als in Holland und England, wo es längst ein selbstbewusstes, kapitalkräftiges und sich weltweit orientierendes Wirtschaftsbürgertum gab, hing in Preußen alles von den Impulsen und der Vorsorge des königlichen Willens ab. Das war ohne Zweifel einer der gravierenden Nachteile eines Herrschaftssystems, das sich nach dem Vorbild des ludovizianischen Frankreich überall auf dem Kontinent durchgesetzt hatte und mit Recht als «Absolutismus» bezeichnet worden ist. Die unbestreitbaren Vorzüge dieser Form monarchischer Herrschaft beruhten darauf, dass Regenten, die von wirklichem Arbeitsethos und Pflichtbewusstsein durchdrungen waren, sich umfassendes Wissen aneignen mussten. Gerade auch die Anweisungen, die Friedrich nach dem das Land verwüstenden Krieg seinem Thronfolger und den maßgeblichen Vollstreckern des königlichen Willens gegeben hat, dokumentieren, dass er bis in die Einzelheiten des Obstbaus, der Schafzucht und vieler anderer Gebiete über so reiche Kenntnisse und Erfahrungen verfügte, dass er seinen Anweisungen großen Nachdruck verleihen konnte. Er kannte das Land, das er regierte, bis in den letzten Winkel, er kannte die Beschaffenheit der Böden ebenso wie die Erfordernisse des Hausbaus, und er kannte das Elend, das der Krieg über das Land gebracht hatte, aus eigener Anschauung. Friedrich verschmolz in der Rolle des Hausvaters in eigentümlicher Weise mit Wesen und Herrschaftsauffassung des Vaters, über dessen rastloses Wirken er sich immer wieder mit Bewunderung und Respekt geäußert hat.

Eine Zwischenbilanz bestätigte, dass bereits im Mai 1763 eine beträchtliche Summe bereitgestellt war, die für die Wiederbeschaffung von Pferden, Ochsen, Rindern, Schafen und Getreide genutzt werden konnte. Ein weiteres Problem war die enorme Überschuldung des adligen Grundbesitzes in allen vom Krieg betroffenen Gebieten, die jedoch ungeachtet königlicher «Gnadengeschenke» nur sehr langsam abgetragen werden konnte. Zur Schuldentilgung wurden in den siebziger Jahren in den verschiedenen Provinzen «Kreditsozietäten» eingerichtet, die den Wiederaufbau zwar mit königlicher Hilfe, aber zugleich auch aus eigenen Mitteln in die Hand nehmen sollten. Nur die Tilgung der hohen Schulden, die aus den Kontributionszahlungen an die französische Besatzungsmacht resultierten, mussten die Ständeversammlungen selbst aufbringen. Mit den landständischen Kreditwerken lebten also ältere Formen ständischer Partizipation wieder auf; aber sie eröffneten nicht mehr wie ehedem politische Einflussmöglichkeiten, sondern hatten die ökonomisch wohlkalkulierte Funktion obrigkeitlichen Handelns.

Der König empfand über das Geleistete Genugtuung und Stolz. So nannte er in einem Brief vom 24. Oktober 1766 an Voltaire selbstbewusst auch Zahlen über die in Schlesien, Pommern und der Neumark wideraufgebauten Gehöfte – ausgerechnet Voltaire gegenüber, der zu den schärfsten Kritikern seiner rücksichtslosen Kriegspolitik zählte. Vielleicht schwang hier die Einsicht mit, wie widersprüchlich den *philosophes* seine Überzeugungen auf der einen und seine militärischen Taten auf der anderen Seite vorkommen mussten. Er wollte ja seinem Lebenskonzept entsprechend ein Friedensfürst sein und als ein programmatisch von Vernunft und Menschenfreundlichkeit geleiteter Wohltäter erscheinen. Und nun, nachdem er das Unheil dieses Krieges verschuldet zu haben nicht leugnen konnte, dieser Versuch, das Humane seines Herrscherwillens doch noch ins rechte Licht zu rücken! Friedrich hat mit unermüdlichen, angesichts seiner tiefen Erschöpfung erstaunlichen Anstrengungen den Fortbestand der Gesamtmonarchie zu sichern vermocht. Alles, was er in diesem Krieg seinem Land an Leid und Entbehrungen zugefügt hatte, widersprach jeder wirtschaftlichen Logik. Aber auch jetzt überspannte er mit seinem von oben verordneten r*établissement* die Ressourcen seiner Territorien in rigoroser Weise.

Die Gesamtbilanz des Wiederaufbauwerks ist nur annäherungsweise möglich. Der König selbst bezifferte das Gesamtvolumen der materiellen Unterstützungsmaßnahmen auf gut 20 Millionen Reichstaler. 1775 konnte Brenckenhoff dem König überdies einen beträchtlichen Populationsgewinn aus den von ihm verwalteten Provinzen melden. Es besteht demnach kein Zweifel, dass es ungeachtet einer Wirtschaftskrise, die am Ende des Siebenjährigen Krieges auch viele der für Preußen wichtigen Handelspartner erfasst hatte, und trotz zahlreicher Missernten, Viehseuchen und Überschwemmungskatastrophen in erstaunlich kurzer Zeit gelungen war, die Kriegsschäden zu beseitigen. Im Übrigen gelang es dem König, im Rahmen der bestehenden Sozialverfassung Verhältnisse zu schaffen, die nach dem Konzept einer dirigistischen Staatsökonomie wieder kalkulierbar waren: kein Neuanfang also, sondern eine Konsolidierungspolitik, um für jede außenpolitische Herausforderung wirtschaftlich und militärisch gerüstet zu sein. Das bedeutete Beharrung und Vorsorge gleichermaßen. Aber alles war verknüpft mit dem, was seit der Besitzergreifung Schlesiens vor nunmehr 33 Jahren zwangsläufig auf der Tagesordnung stand. Insofern ist das Wiederaufbauwerk des Königs kein Neubeginn, sondern die logische Konsequenz dessen, was seit 1740 alle Kräfte zu mobilisieren erforderlich machte.

7. Erneute Verstrickungen in die große Politik der Kabinette: Die erste Teilung Polens

Vor allem durch die Turbulenzen auf dem Zarenthron war im kontinentalen Mächtesystem eine neue Konstellation entstanden. Von entscheidender Bedeutung war aber ebenfalls, dass die Rivalität zwischen den Hauptkontrahenten des Siebenjährigen

Krieges auch nach dem Friedensschluss fortbestand und infolge einer wechselseitigen Prohibitionspolitik in einen fortwährenden Zoll- und Handelskrieg einmündete. Aber auch die Revision der Schlesienfrage war noch keineswegs zu den Akten gelegt. Vielmehr blieb sie in verschiedenen Kombinationen im mächtepolitischen Kalkül der Hofburg vorrangig. So fasste Kaunitz Ende 1768 das Vorhaben, die Rückerstattung der immer noch als unersetzlich geltenden Provinz im Zusammenhang mit ausgreifenden Plänen zur Lösung der Polen- und Balkanfrage zu erreichen. Ihm schwebte vor, den preußischen König bei der Annektierung des Ermlandes und Westpreußens zu unterstützen, wenn dieser im Gegenzug auf Schlesien verzichtete. Es ging Kaunitz also um eine das Prinzip der Konvenienz wahrende Restituierung und gleichzeitig um den Versuch, den als Faktor im Mächtesystem nicht mehr zu übergehenden Rivalen durch Kompensationen nach Ostmitteleuropa abzudrängen.

Im Jahre 1782 – nach der Rückkehr Russlands zur, wie Kaunitz sich ausdrückte, «natürlichen Allianz» mit Österreich – zog der Staatskanzler dann ein militärisches Vorgehen beider Kaiserhöfe gegen Preußen in Erwägung, wenn sich dieses den gemeinsamen Expansionsplänen auf dem Balkan widersetzen sollte. In diesem Fall empfahl er, dass beide Alliierten ihre Absichten im Orient zunächst zurückstellen und verabreden sollten, den König anzugreifen und nicht eher in einen Frieden einzuwilligen, bis man auf österreichischer Seite Schlesien zurückerobert habe. Auch zwei Jahre später unterstrich Kaunitz noch einmal, dass man auf dem Weg zur Wiederherstellung des vormals bestehenden Systems ein gutes Stück vorangekommen sei und nun auch auf russischer Seite die Notwendigkeit erkenne, die erste sich bietende Gelegenheit zu ergreifen, um das Gewicht und den Einfluss des Königs von Preußen hinwegzufegen. Solche drastischen Äußerungen mochten als kurzatmige, häufig schnell wieder verworfene Planspiele erscheinen. Die Revisionsabsichten der Hofburg in der Schlesienfrage blieben jedoch eine Konstante auch nach dem Ende des Dritten Schlesischen Krieges.

In der bedrohlichen Lage, in der sich der König nach wie vor befand, war es zunächst ein diplomatischer Erfolg, die mächtepolitische Rückendeckung Russlands durch einen Allianzvertrag vom 11. April 1764 zu erlangen. Das Bündnis mit diesem übermächtigen und gefährlichen Konkurrenten fiel so sehr ins Gewicht, dass Friedrich die innere Konsolidierung der preußischen Monarchie nun erst einmal ungestört und mit aller Energie vorantreiben konnte. Obwohl sein Misstrauen und seine Verachtung für das Zarenreich im Grunde fortbestanden, hat er sich durchgerungen, alle Bedenken zurückzustellen und das für seinen mächtepolitischen Handlungsspielraum Unvermeidliche zu tun. Es gehöre, hatte er noch 1776 proklamiert, zu den Grundregeln der Staatskunst, «ein Bündnis mit dem unter seinen Nachbarn zu suchen, der dem Staat die gefährlichsten Schläge versetzen kann». Er machte weitreichende Zugeständnisse vor allem im Hinblick auf Polen, eine dort bevorstehende Königswahl und die generellen, langfristig verfolgten Außensteuerungsabsichten Russlands in Ostmitteleuropa. Deshalb unterstrich er noch einmal, dass der Bündnisvertrag mit Russland ohne all diese Gefälligkeiten («complaisances») nicht hätte abgeschlossen werden können. Wir brauchen, schrieb er, «einen dauerhaften Frieden, um das Elend des letzten Krieges wiedergutmachen zu können». Und nichts konnte seiner Auffassung nach mehr dazu beitragen als ein Bündnis mit Russland.

Friedrich konnte dem Dilemma, in das er wegen der Priorität des Bündnisses mit Russland geraten war, nur durch eine Neuorientierung der gesamten Mächtekonstellation in Ostmitteleuropa entkommen. So war er der Überzeugung, dass die inneren Unruhen in Polen erst beendet werden könnten, wenn sich die «mächtigen Nachbarn» geeinigt hätten, wie das Land geteilt werden könne. Der enorme Expansionsdruck, den das Zarenreich zu dieser Zeit auch auf dem Balkan entfaltete, führte dazu, dass sich Preußen und Österreich annäherten. Der König versuchte in dieser sich zuspitzenden Lage auf der einen Seite, sich unter keinen Umständen zu isolieren und deshalb seinen Bündnisverpflichtungen gegenüber dem Zarenreich auch buchstabengetreu nachzukommen. Andererseits ließ er auf diplomatischen Kanälen sondieren, ob dem Druck, dem er sich durch die Zarin Katharina ausgesetzt sah, durch ein gemeinsam mit Österreich

zu planendes Teilungsprojekt in Polen begegnet werden könne.
So kam am 5. August 1772 trotz des Einspruchs Kaiserin Maria
Theresias ein Vertrag zwischen Wien und St. Petersburg zustande, der auch Österreich in den Kreis der um Polen grup-
pierten Teilungsmächte einbezog. Damit war unter den «drei
Schwarzen Adlern» besiegelt, dass die Adelsrepublik Polen,
ohne angehört und konsultiert zu werden, in ihrer territorialen
Integrität zur Disposition stand und nach Gutdünken der Teilungsmächte einschneidende Gebietsabtretungen hinzunehmen
hatte.

Russland beanspruchte mit Livland und Weißruthenien den
flächenmäßig größten Anteil. Aber auch die von Österreich an-
nektierten Gebiete in Kleinpolen, Rotruthenien, Wolhynien und
Podolien stellten wegen der Fruchtbarkeit der Böden und der
Bevölkerungsdichte einen beträchtlichen Zugewinn dar. Diese
in die Habsburgermonarchie integrierten Territorien wurden in
den Rang eines Königreichs «Galizien und Lodomerien» erhoben. Preußen schließlich erhielt mit dem Königlichen Preußen,
dem Ermland und der nördlichen Region von Großpolen das
kleinste Stück. Aber diese Akquisitionen arrondierten die Hohen-
zollernmonarchie in optimaler Weise und trugen deshalb zu einer
erheblichen Konsolidierung der brandenburgischen Kernlande
bei. Zwei Fünftel dieser Gebiete waren seit dem Spätmittelalter
deutsch besiedelt und ließen sich deshalb ungleich leichter in-
korporieren als die von den Konkurrenten erworbenen Landes-
teile. Aber sie stellten zugleich auch einen beträchtlichen Presti-
gegewinn im Rahmen des Mächtesystems dar. Denn es gelang
nun – wie im preußisch-polnischen Zessionsvertrag ausdrücklich bestätigt wurde –, die preußische Lehnsabhängigkeit von
der Krone Polens nach Jahrhunderten eines erbitterten Streits
endgültig abzustreifen. So wurde im diplomatischen Verkehr
mit den rivalisierenden Potentaten nun selbstbewusst und programmatisch mit dem Titel eines «Königs *von* Preußen» verhan-
delt und mehr denn je auf den Rechtsstatus eines souveränen
Herrschers verwiesen. Ein über Generationen verfolgtes Ziel der
dynastischen Politik des Hauses Hohenzollern war damit erreicht.

Die europäische Öffentlichkeit registrierte das auch für das Ancien Régime Ungeheuerliche dieses *fait accompli* nicht nur mit Erstaunen, sondern vielerorts mit Empörung. Doch vollzog sich dieses unblutige und deshalb auch vielgepriesene Arrangement ohne Einspruch und Gegenmaßnahmen der anderen Großmächte. Für den Preußenkönig mochte gelten, dass von ihm anderes als rücksichtsloses Expansionsstreben nicht zu erwarten war. Aber nun saßen auch Österreich trotz des Widerstandes der Kaiserin und das übermächtige Russland mit im Boot. Über die moralische Bewertung dieses offenkundigen Rechtsbruchs ist in der politischen Debatte und Publizistik der Zeit und danach in der Historiographie immer wieder gestritten worden. Denn um Willkür und Unrecht handelt es sich bei diesem Teilungsakt auch dann, wenn der *esprit de partage* von jeher zum Instrumentarium mächtepolitischer Konsensfindung gehörte. Gewiss gab es im 18. Jahrhundert neben den ständig latenten Expansions- und Arrondierungsgelüsten großer Mächte konkrete und gelegentlich auch legitime Anlässe für Interventionen in die inneren Angelegenheiten anderer Länder. In der Regel waren dabei mehr oder weniger stichhaltige Erbansprüche der Dynastien maßgeblich. Im Falle Polens jedoch spielten dynastische Probleme keine Rolle. Vielmehr stießen der religiöse Fanatismus und die exzessive Gewalttätigkeit der Konfliktparteien allenthalben auf Abscheu und Entsetzen. Hinzu trat die Unfähigkeit der Krone, der Anarchie und des Blutvergießens im eigenen Land Herr zu werden. Aber keiner der drei Teilungsmächte ging es natürlich um humanitäre Ziele oder die Konsolidierung der innerpolnischen Verhältnisse, sondern allein um die möglichst konfliktfreie Stabilisierung einer mächtepolitischen Pattsituation, für deren Kosten ein Unbeteiligter – eben Polen – aufkommen sollte.

Dennoch blieb trotz dieses einvernehmlich und unblutig verlaufenden Arrangements mächtepolitisch alles im Fluss. Keine der drei Teilungsmächte gab sich mit dem Erreichten zufrieden und konnte in einer Konstellation fortbestehender Rivalität und unausgesetzten Misstrauens als saturiert betrachtet werden. Im Übrigen war der Konflikt zwischen den beiden deutschen Großmächten keineswegs gelöst, sondern allenfalls vertagt. Denn die beiderseitigen Kompensationen auf Kosten Polens hatten das Schlesienproblem aus der Welt zu schaffen vermocht.

8. Kaiser, Reich und Fürstenbund

Bereits während der sich immer mehr zuspitzenden Krise um Polen verfolgte der König den Plan, sich möglichst auch mit Österreich zu arrangieren. Ihm musste angesichts des enormen Drucks, den Russland auf das gesamte mächtepolitische Vorfeld Preußens in Ostmitteleuropa ausübte, daran gelegen sein, auch die Möglichkeit einer Annäherung an das Kaiserhaus auszuloten. Den inzwischen in den Fürstenrang erhobenen Staatskanzler Kaunitz hatte er wie eh und je als unversöhnlichen und auf Revision bedachten Gegner zu betrachten. Immerhin war er im Zusammenwirken mit Preußen an der Teilung Polens beteiligt, obwohl dieser Akt die Stellung des Rivalen im Konzert der Mächte unverkennbar aufwerten musste. Nach einem diplomatischen, von Maria Theresia äußerst kritisch begleiteten Vorspiel kam es im August 1769 dann zu einer Begegnung zwischen Kaiser Joseph II. und Friedrich, nicht in einer der Residenzen, sondern auf schlesischem Boden, auf dem Schloss zu Neiße und unter Verzicht auf das unter Staatsoberhäuptern sonst übliche Zeremoniell. Fast vier Tage konferierten die beiden Monarchen über eine Fülle politischer und militärischer Themen in völliger Vertraulichkeit, obwohl viele der Besprechungsgegenstände ebenso wie die Atmosphäre der Gespräche über Protokollvermerke und Notizen beider Seiten in erstaunlicher Breite überliefert sind. Selbst Persönliches kam zur Sprache. So scheute sich der König nicht, in einem Augenblick rückwärtsgewandter Nachdenklichkeit einzugestehen, dass er in seiner Jugend ehrgeizig gewesen sei; solchen Impulsen habe er mittlerweile aber abgeschworen. Die unredlichen Absichten, die man ihm nicht ganz zu Unrecht zum Vorwurf gemacht habe, seien allein aus

Adolph Menzel: Begegnung Friedrichs des Großen mit Kaiser Joseph II.
in Neiße im Jahre 1769

den damaligen Erfordernissen erwachsen. Joseph notierte, dass er zu diesen Bekenntnissen geschwiegen habe.

Man versicherte im Verlauf der Gespräche immer wieder, wie sehr man künftig in gutem Einvernehmen zu stehen wünsche und eine wirkliche Versöhnung anstrebe. Das noch wenige Jahre zuvor für unmöglich gehaltene Treffen zweier verfeindeter Höfe wurde allenthalben als ein Ereignis von außerordentlicher Tragweite empfunden. Und tatsächlich folgten auf die Verhandlungen in Neiße intensive diplomatische Kontakte, die vor dem Hintergrund des russischen Expansionsdrucks zur unmittelbaren Vorgeschichte der ersten Teilung Polens gehören. Man verabredete eine weitere *entrevue*, die Anfang September 1770, dieses Mal auf österreichischem Boden in Mährisch-Neustadt stattfinden sollte, also wiederum nicht in einer der Residenzen, sondern in einer grenznahen Kleinstadt, die für spektakuläre und für beide Potentaten angemessene Auftritte keinerlei Voraussetzungen bot.

Wiederum sind der Ablauf des Geschehens und der Inhalt der Gespräche erstaunlich gut dokumentiert. So ist überliefert, dass sich Friedrich noch vor Tische mit Joseph traf und dann mit Kaunitz zu seiner Linken über Nichtigkeiten plaudernd ausgiebig tafelte. Am nächsten Tag konferierte man dann im kleinen Kreis mehrere Stunden ernsthaft. Dabei ging es um die große Politik und insbesondere um den Plan, einen das Mächtesystem insgesamt stabilisierenden Friedensschluss zwischen Russland und dem Osmanischen Reich zu vermitteln. Bei aller Übereinstimmung in der Bewertung des Zarenreichs und seiner fortwährenden Ausdehnungspolitik beharrte der König jedoch auf seinem Bündnis mit St. Petersburg. So endeten die Konsultationen von Neustadt in gutem Einvernehmen, aber doch ohne eine greifbare Annäherung, jedenfalls ohne ein Ergebnis, das die Beilegung des seit 1740 schwelenden Konflikts und einer daraus resultierenden Rivalität herbeiführen konnte.

Ein neues Kapitel der österreichisch-preußischen Beziehungen wurde mit dem Erbfall im Hause Wittelsbach aufgeschlagen. Am 30. Dezember 1777 war Kurfürst Max III. Joseph kinderlos gestorben. Damit erlosch die bayerische Kurlinie. Altehrwürdige, seit dem Spätmittelalter immer wieder unter den verschiedenen Linien des Gesamthauses geschlossene Sukzessionsordnungen traten nun in Kraft. Sie sollten eine Handhabe bieten, die Erbansprüche anderer Dynastien zurückzuweisen. Vor allem das Kaiserhaus glaubte auf Grund der zweiten Ehe des Kaisers mit einer Wittelsbacherin immer unverblümter, Erbrechte auf Bayern erheben zu können. Die Erwerbung dieses gleich an mehrere Erbländer angrenzenden Reichsterritoriums hätte die Stellung des Hauses Habsburg nicht nur im Reich, sondern auch im Konzert der Mächte erheblich gestärkt und den einstweilen nicht zu revidierenden Verlust von Schlesien kompensieren können. Nach dem Tod des Kurfürsten hatte Karl Theodor von der Pfalz vertragsgemäß das bayerische Erbe erst einmal antreten können. Da dieser willkürlich zusammengefügte Territorialbesitz jedoch in extremer Weise heterogen war, tauchte der Gedanke eines bayerisch-flandrischen Tauschprojektes auf, das unter Preisgabe der altbayerischen Gebiete die Vision eines burgundischen Königtums mit Residenzen in Brüssel, Düsseldorf und Mannheim ins Auge fasste. Bevor es jedoch zu entsprechenden Verhandlungen mit dem Kaiserhaus kam, ließ Joseph II. ungeachtet des heftigen Widerspruchs Maria Theresias Truppen in Niederbayern und der Oberpfalz einmarschieren, um auf jeden Fall schon einmal in den Besitz von Faustpfändern zu gelangen.

Für einen Abtretungsbeschluss war indessen auch die Zustimmung eines weiteren Reichsfürsten aus dem Hause Wittelsbach, des Herzogs Karl August von Pfalz-Zweibrücken, erforderlich. Dieser verweigerte sich jedoch dem geplanten Ländertausch und bat überdies den Preußenkönig um eine diplomatische Intervention. Es folgte ein wochenlanges Tauziehen zwischen den Höfen in Berlin und Wien, das aber trotz des persönlichen, überaus couragierten Eingreifens der Kaiserin keine Annäherung brachte. So trieb die Entwicklung des beiderseitigen Verhältnisses auf eine neue Konfrontation zu. Friedrich hatte nach ausweichenden Antworten aus Wien auf seine ultimative Forderung nach Offenlegung der österreichischen Erbansprüche dem Kaiserhaus den Krieg erklärt und danach auch militärisch die Initiative ergriffen. Es war ihm darüber hinaus gelungen, den alten Rivalen Sachsen auf seine Seite zu ziehen. So war gewährleistet, sowohl von Schlesien als auch von Sachsen aus nach Böhmen vorzudringen. Dabei stieß der König in den unwegsamen und zerklüfteten Waldgebieten Nordböhmens auf einen vortrefflich verschanzten Gegner, der einen Vorstoß in das offene böhmische Hinterland zu verhindern vermochte. In dieser sich über Wochen hinziehenden Pattsituation entschloss sich der König, Prinz Heinrich, der die preußisch-sächsische Koalitionsarmee kommandierte, den Hauptangriff gegen die Verteidigungslinien der Österreicher führen zu lassen. Nach Anfangserfolgen unterblieb aber aus Furcht, von den rückwärtigen Verbindungen abgeschnitten zu werden, der entscheidende Vorstoß auf Prag. Prinz Heinrich entschied sich stattdessen, bereits am 24. September 1778 den Rückzug auf sächsisches Territorium anzutreten.

Der König unternahm indessen einen letzten Versuch, die Österreicher doch noch zu einem Waffengang zu zwingen. Er

konnte in diesen Wochen einer überaus gedrückten Stimmung
nur noch im Schritt reiten und heftige Bewegungen ebensowenig
ertragen wie Ratschläge und Widerreden. So verliefen die Operationen äußerst zögerlich – immer in Reichweite österreichischer Patrouillen und Detachements, die in dem durchschnitte-
nen Gelände dieser Vorgebirgsregion ideale Voraussetzungen
für Überfälle und kleinere Scharmützel fanden. Am 31. August
setzte überdies auch kaltes Regenwetter ein, so dass die Höhen-
züge und Berghänge ringsum mit Schnee bedeckt waren. Die
Folge waren Ruhrepidemien unter den Soldaten, die in die Zehn-
tausende gehende Opfer forderten. So gab Friedrich am 8. September 1778 resigniert und verdrossen die Lagerstellung am
Oberlauf der Elbe auf und begann den Rückzug nach Schlesien
auf der Passstraße nach Landeshut. Bemerkenswert an diesem
durchaus verlustreichen und deprimierenden Feldzug war, dass
die politischen und moralischen Energien ungeachtet der gewaltigen Truppenaufgebote, die auf beiden Seiten ins Feld geführt
wurden, von Anfang an äußerst schwach ausgeprägt waren. Die
Kriegsziele und der politische Durchsetzungswillen hatten auf
beiden Seiten zu geringe Überzeugungskraft, um die für einen
Krieg entscheidenden Energien freizusetzen. Tatsächlich führte
in dieser eigentümlichen Konstellation nicht der wirklich Betrof-
fene, also Kurpfalz, den Krieg, sondern im Grunde zwei abseits
stehende Kontrahenten, die in einer völligen Blockadesituation
einen territorialen Zugewinn des jeweils anderen um jeden Preis
zu verhindern suchten. Darüber hinaus erwies sich aber, dass
die maßgeblichen Befehlshaber beider Seiten, vom König über
seinen Bruder Heinrich bis zu Loudon und Lacy, der an der Seite
des Kaisers das Kommando führte, zu alt und vorsichtig geworden waren, um sich auf große Abenteuer einzulassen. Im Besonderen der König war angesichts seiner körperlichen Gebrechen
zu einem *cunctator* geworden, der als Truppenführer seinen ehemals unwiderstehlich mitreißenden Wagemut und seine nicht
weniger entwaffnende Überzeugungskraft eingebüßt hatte. So
stand am Ende nicht der Feldherr, sondern der seine Macht-
potentiale kühl abwägende Realpolitiker als Sieger da. Denn er
konnte in einem defensiv geführten Krieg einen Kaiser zum Ein-

lenken zwingen, dessen vehemente Expansionsgelüste selbst im
eigenen Haus umstritten waren.

Die Vertragsbestimmungen des am 13. Mai 1779 im mähri-
schen Teschen geschlossenen Friedens sahen die völlige Wiederherstellung der territorialen Integrität Bayerns vor und verfügten darüber hinaus die alsbaldige Belehnung des Kurfürsten von
der Pfalz mit dem Erbe der bayerischen Wittelsbacher. Um die
durch den Vertragsabschluss schwer belastete Reputation des
Kaiserhauses nicht zusätzlich zu beeinträchtigen, blieb nur das
Innviertel mit 80 000 Einwohnern in österreichischer Hand. Im
Gegenzug wurden die Erbansprüche Preußens auf die Markgra-
fentümer Ansbach Bayreuth auch international bestätigt. Dieses
Arrangement war unter Vermittlung Frankreichs und Russlands
zustande gekommen. Beide Mächte hatten damit die Verpflich-
tung übernommen, in den Angelegenheiten des Reiches und bei
der Wahrung der Machtbalance mitzuwirken. Frankreich war
bereits seit dem Westfälischen Frieden in die Rolle eines Garan-
ten des innerdeutschen Status quo hineingewachsen und hatte es
mit großem diplomatischen Geschick bis zum *renversement des
alliances* von 1756 immer wieder vermocht, dem Einfluss des
Kaiserhauses im Reich entgegenzuwirken. Aber nun drängte
Russland als Verbündeter Preußens mit unbändiger Entschlossenheit darauf, in den Reichsangelegenheiten mit eigener Stimme
aufzutreten und damit Schweden, das sich als Garantiemacht
des Westfälischen Friedens etabliert hatte, endgültig in den Hintergrund zu drängen. Offenbar lag es im Interesse Preußens
wie Österreichs, ihr bilaterales und erwiesenermaßen sinnloses
Kräftemessen zu internationalisieren und mit der Wahrung der
Reichsinteressen zu verknüpfen.

So wurde ein Schlussstrich unter diesen von allen Seiten immer
wieder abfällig als «Kartoffelkrieg» bezeichneten Konflikt gezo-
gen – mit dem für die Mächtepolitik des 18. Jahrhunderts para-
doxen Ergebnis, dass die latente Rivalität zweier hochgerüsteter
Kontrahenten nicht wie im Falle Polens zur Teilung eines macht-
losen Dritten führte, sondern zur Restituierung des an den
Kampfhandlungen gar nicht Beteiligten. Paradox an diesem
auch den Zeitgenossen bereits sonderbar erscheinenden Kriegs-

szenarium ist im Übrigen, dass die Einverleibung polnischer Gebiete ohne Blutvergießen verlief, während das in territorialer Hinsicht schließlich geringfügige Ergebnis des Bayerischen Erbfolgekrieges mit unverhältnismäßig hohen Verlusten erkauft wurde. Am Ende dieses vierten Waffengangs zwischen den sich nun seit Jahrzehnten gegenüberstehenden Rivalen hatte sich Preußen auch deshalb durchgesetzt, weil es seinem Kriegsziel entsprechend auf jeglichen Territorialgewinn verzichtete. Der Wiener Hof hatte sich dagegen im Konzert der Mächte durch die innere Widersprüchlichkeit seiner Politik desavouiert und erschien mittlerweile gerade auch in reichspolitischer Hinsicht als nicht kalkulierbar.

Dennoch geriet der König nun außenpolitisch in die Defensive. Denn die österreichische Diplomatie hatte unterdessen mit Zähigkeit und Konsequenz die Politik einer Wiederannäherung an Russland betrieben. Ihr hatten zunächst die schwierigen, immer wieder zu Rivalität und Misstrauen Anlass gebenden Verhältnisse auf dem Balkan entgegengestanden. Schon im Todesjahr der Kaiserin Maria Theresia traten jedoch alle diese Bedenken in den Hintergrund, als es im weißrussischen Mogiljow zu einem Fürstentreffen zwischen Joseph II. und der Zarin Katharina kam. Die gegen die Pforte gerichteten Pläne der beiden Mächte können hier außer Acht bleiben; sie standen von vornherein auf keinem tragfähigen Fundament. Das Kalkül des Kaisers zielte jedoch darauf ab, den König, den er nach wie vor als eigentlichen Gegner betrachtete, im Konkurrenzgefüge der großen Mächte abzudrängen und zu isolieren. Zwar blieben die bestehenden Bündnisverhältnisse einstweilen unangetastet. Aber die Entmachtung des russischen Außenministers Panin, der an der Allianz mit Preußen festhielt, machte deutlich, dass die österreichische Entente-Politik am Zarenhof immer mehr an Boden gewann.

Die Mächtebeziehungen gerieten jedoch erst wieder in Bewegung, als Joseph II. 1783/84 auf die fixe Idee eines Ländertausches mit Bayern noch einmal zurückkam. Kurfürst Karl Theodor von Pfalz-Bayern konnte für diesen Plan wie 1777 nur dadurch gewonnen werden, dass mit dem Tausch Bayerns gegen die österreichischen Niederlande eine Rangerhöhung in Aussicht stand, die das Haus Wittelsbach nach dem Vorbild der Wettiner und Hohenzollern seit langem anstrebte. Allerdings sträubte sich auch dieses Mal wieder der voraussichtliche Erbe des wittelsbachischen Gesamtbesitzes, Herzog Karl August von Pfalz-Zweibrücken. Sein erneuter Einspruch gegen die habsburgisch-bayerischen Tauschpläne war insofern keine Bagatelle, als sich auch Großmächte wie Frankreich und Russland in diese Affäre einmischten. Aber auch im Reich selbst führte er zu einer intensiven Debatte, wie der Reichspolitik des Kaisers entgegengetreten und die Formierung einer dritten Partei im Reich herbeigeführt werden könne. Der Prozess der Neugestaltung der Reichsverfassung kam jedoch erst wirklich in Gang, als es der preußischen Diplomatie 1785 gelang, ein Drei-Kurfürsten-Bündnis mit Hannover und Sachsen in einem förmlichen *Associations-Tractat* zustande zu bringen. Es sollte – so hieß es – dem Erhalt der Reichsverfassung dienen, war aber vor allem aus preußischer Sicht dazu gedacht, den Erwerb Bayerns durch das Kaiserhaus zu verhindern und die Balance unter den mächtepolitischen Rivalen im Reich aufrechtzuerhalten und zu verteidigen.

Alle Reichsstände, die sich zu Beginn der achtziger Jahre an Plänen zum Abschluss eines Fürstenbundes beteiligt hatten, wurden aufgefordert, dieser Allianz beizutreten. So fand sich eine beträchtliche Zahl von kleineren Territorialfürsten aus dem ganzen Reichsgebiet an der Seite der drei Kurfürsten zusammen, denen sich am 18. Oktober 1785 zur Überraschung der gesamten Reichsöffentlichkeit auch der Erzbischof von Mainz und Erzkanzler des Reiches, Friedrich Karl von Erthal, also der maßgebliche unter den katholischen Reichsfürsten, hinzugesellte und das Bündnis damit vom Verdacht einer reinen Konfessionspartei befreite. Am 4. Oktober war auch Herzog Karl August von Pfalz-Zweibrücken dem Fürstenbund beigetreten und hatte für sich und seine Nachkommen zugesichert, zu einem Tausch wittelsbachischer Territorien keinesfalls seine Zustimmung zu geben. Damit war das Ziel, um dessentwillen der Fürstenbund geschlossen worden war, bereits erreicht und der von Joseph II.

betriebene Ländertausch als mit dem Reichsrecht unvereinbar verworfen worden.

Die Entwicklung nach dem Tode Friedrichs des Großen 1786 ging angesichts des fortbestehenden Dualismus unter den Großmächten über diese Episode hinweg, obwohl der Fürstenbund unter Preußens Führung von einer bemerkenswerten Woge patriotischer Begeisterung begleitet wurde und eine entsprechende Traktatliteratur hervorgebracht hat. Auch der Dreibund mit England und den Niederlanden von 1788 verschaffte Preußen wieder jenen mächtepolitischen Rückhalt, um dessentwillen sich der König so intensiv mit dem Reich einzulassen genötigt sah. Die Konvention von Reichenbach (27. Juli 1790), die Allianz der beiden deutschen Großmächte – abgeschlossen schon unter dem Eindruck des auch für das System der Mächte bedrohlichen Szenariums der Französischen Revolution –, besiegelte dann endgültig das Schicksal des Deutschen Fürstenbundes.

Friedrich hatte mit diesem reichsinternen Bündnis vermocht, die Rolle des ewigen Opponenten und Unruhestifters abzustreifen und als eine integrative Instanz, als Bürge und Garant der Reichsverfassung, in Erscheinung zu treten. Er setzte dabei seine von ständigem Argwohn geprägte Blockadepolitik gegenüber dem Kaiserhaus durchaus fort, konnte sie nun aber «in das Gewand reichsrechtlicher Legalität» (Volker Press) kleiden. Die Spielregeln des sich seit 1740 immer mehr zuspitzenden Dualismus im Reich verschafften ihm – dem «Gegenkaiser», wie er in der Forschung genannt worden ist – größere Vorteile als dem gewählten und gekrönten Reichsoberhaupt. So hat der König das Reich gegen den überstürzt und brüskierend agierenden Gegenspieler, Kaiser Joseph II., zu mobilisieren vermocht, ohne sich für eine innere, von den kleineren Ständen so nachdrücklich geforderte Modernisierung der Reichsverfassung in die Pflicht nehmen zu lassen.

9. Der Alte Fritz: Krankheit, Tod und Begräbnis

An die Stelle Voltaires, der am 30. Mai 1778 gestorben war, trat in den letzten Lebensjahren des Königs immer mehr d'Alembert als jener Briefpartner, dem Friedrich sich auch in persönlichen Dingen und in Angelegenheit seines Wohlbefindens anzuvertrauen pflegte. Aber auch seinem Bruder, dem Prinzen Heinrich, gegenüber, den er im Hinblick auf die Thronfolge immer wieder konsultierte, teilte er mit, dass er sich trotz häufiger und gelegentlich hartnäckig andauernder Gichtanfälle weniger krank als schwach fühle. Sein Zustand verschlechterte sich im Dezember 1785. Noch am 18. Januar, dem Geburtstag des Prinzen Heinrich, hatte er am traditionellen Galadiner im Berliner Schloss teilgenommen. Man speiste bei diesen Anlässen an zwei Tafeln; an der einen präsidierte der bereits gezeichnete und sich nur mühsam aufrecht haltende König, an der anderen der Jubilar, der den Bruder um sechzehn Jahre überleben sollte, ohne den erhofften Einfluss auf die Staatsgeschäfte gewinnen zu können. An diesem Festtag, der wie jedes Jahr die gesamte Familie zusammenführte, sah Friedrich auch seine Gemahlin zum letzten Mal. Er litt jetzt überdies an schwerem Asthma und einer sich bedrohlich verschlimmernden Wassersucht, also Stoffwechselbeschwerden, die quälende Atemnot und Schwellungen an den Beinen zur Folge hatten.

Der Kreis derer, die er noch in seiner Nähe duldete, wurde immer enger und beschränkte sich schließlich auf die beiden Kammerhusaren und gelegentliche Besucher wie den auch als literarische Autorität hochgeschätzten Prinzen de Ligne, den Marchese Girolamo Lucchesini oder den Grafen Goertz, der als Staatsminister, General und Diplomat zu den wenigen Vertrauten zählte, mit denen Friedrich auch jetzt noch Themen der großen Politik erörterte. In den letzten fünf Wochen seines Lebens war auch Graf Hertzberg, der Leiter des preußischen Departe-

ments für die Auswärtigen Angelegenheiten, in seiner Nähe.
Aber keinen seiner Angehörigen, nicht einmal Prinz Heinrich
oder den Kronprinzen, wünschte er noch zu sehen. Er lebte ohne
Wache, ohne Hofstaat und ohne Adjutanten und entzog sich, je
mehr die Schwellung seiner Beine voranschritt, den Blicken einer
wie gelähmt erscheinenden Öffentlichkeit. Schließlich konnte er
wegen seiner Atemnot nicht mehr im Bett liegen, sondern verbrachte Tag und Nacht sitzend in jenem Lehnstuhl, der in seinem Sterbezimmer in Sanssouci noch heute der Öffentlichkeit
zugänglich ist.

Einen späten Höhepunkt der Begegnungen mit den großen
Geistern seiner Zeit stellten zwei Gespräche mit dem Grafen
Gabriel Honoré de Mirabeau dar. Sie waren deshalb folgenreich
und das Bild des Königs nachhaltig prägend, weil sie den Anstoß
zu einer ersten umfassenden Bilanz der 46-jährigen Herrschaft
des Preußenkönigs gaben. Mirabeau verfasste diese Bestandsaufnahme zusammen mit dem Kameralisten und Offizier Jakob
Mauvillon, dem Sohn eines nach Preußen emigrierten Hugenotten, und veröffentlichte sie nach dem Tod des Königs unter
dem Titel *De la monarchie prussienne sous Frédéric le Grand*
(7 Bde., London 1788). Mirabeau hatte Frankreich nach zahlreichen Skandalen und unablässigem Streit fluchtartig verlassen,
war allerdings auch mit geheimen Aufträgen des französischen
Kabinetts versehen, über die inneren Verhältnisse Preußens zum
Zeitpunkt des bevorstehenden Thronwechsels möglichst detailliert zu berichten. Es ist nicht überliefert, was der König über die
in die Französische Revolution einmündende Agitation seines
Gastes wusste. Aber beide begegneten sich anscheinend mit
Sympathie und sprachen miteinander in völliger Offenherzigkeit.
Friedrich hatte sich seine Schlagfertigkeit und seine blendende
Auffassungsgabe trotz aller Gebrechen zu erhalten gewusst.
Seine persönliche Überzeugungskraft und seine Liebenswürdig-
keit beeindruckten alle, die ihn in entspannter Atmosphäre er-
lebten. Lucchesini etwa rühmte in seinen Briefen immer wieder
die außerordentliche Ausstrahlung gerade auch des alternden
Königs, wobei er durchaus auch großherzig und freigiebig sein
konnte. Auch andere Augenzeugen berichten aus den letzten

Lebensjahrzehnten, dass er die Begabung nicht verloren hatte, Menschen durch seinen Charme und seine lebhafte und eindringliche Beredsamkeit für sich einzunehmen, wenn er ihnen zuzuhören geneigt war.

Er konnte freilich auch boshaft und unerträglich launisch sein, und das sicherlich in zunehmendem Maße. Selbst einem ihm absolut ergebenen Weggefährten wie dem Leibarzt seines letzten Lebensjahres Johann Georg Zimmermann, einer europäischen Zelebrität, die Friedrich auch literarisch ein Denkmal gesetzt hat, entglitt nach vielen offenherzigen und freundschaftlichen Gesprächen der Seufzer: «Dieser schreckliche König!» Friedrich verfügte schon seit seiner Jugend und besonders auch im Umgang mit dem Vater über einen erbarmungslosen Sarkasmus und über den Hang zu einem die Gefühle anderer bewusst verletzenden Spott. Und obwohl er auch in schriftlichen Äußerungen über Freund und Feind die Erfahrung gemacht hatte, wie verheerend sich seine Sticheleien und Gehässigkeiten auswirkten, konnte er davon nicht ablassen. Das Widerspenstige und Misstrauische war ihm zur zweiten Natur geworden.

Vieles im Leben des Königs war trotz seines Widerwillens gegen Zeremonien und Etikette streng geregelt. So verbrachte er den Neujahrstag und die ersten Wochen des neuen Jahres bis zu seinem Geburtstag am 24. Januar im Berliner Stadtschloss, wo er zu seinem Leidwesen auch Maskenbälle und Kostümfeste der Familie und des Hofes über sich ergehen lassen musste. Während dieser Zeit erstarrte die sonst durchaus großzügige, festliche und offenkundig unbeschwerte Geselligkeit in Berlin und an den Residenzen der Prinzen und der Damen des königlichen Hauses in Monbijou, Schönhausen, Oranienburg, Rheinsberg, Friedrichsfelde und Bellevue. Denn die Anwesenheit des kränkelnden und gereizten Königs verbreitete in seiner Umgebung «Scheu und Kälte» und gelegentlich auch Furcht vor der grimmigen Unnahbarkeit seiner Erscheinung. Auch während dieser Geselligkeiten also Rückzug, Verweigerung und programmatische Absage an die gängigen Formen höfischen Divertissements. Im Anschluss an die Verpflichtungen, die er der Hofetikette schuldig zu sein glaubte, begab er sich nach Potsdam und verbrachte die Wintermonate im dortigen Stadtschloss. Feststehende Termine waren ferner die Truppenparaden und Generalrevuen der Regimenter aus den umliegenden Garnisonen. Sie dauerten mehrere Tage und wurden im Tiergarten und auf den Exerzierplätzen in der Nähe von Schloss Charlottenburg abgehalten. Unmittelbar danach fanden auch in Pommern, Magdeburg und Schlesien entsprechende Manöver statt. Am 20. September und den folgenden Tagen wurden in Potsdam schließlich die großen Herbstmanöver abgehalten, wobei der König im Neuen Palais auch ein Festbankett für seine Generalität gab.

Auch der Tagesablauf des Königs unterlag strengen Regeln. Nach dem Aufstehen am frühen Morgen – im Sommer um 4, im Winter um 5 Uhr – erledigte er die Regierungsgeschäfte, bevor er vor den – übrigens ausgiebigen – Mittagsmahlzeiten mit einem kleinen Gefolge ausritt. Gefürchtet waren bei diesen Mittagstafeln die endlosen Monologe, die der König auch dann nicht zu unterbrechen pflegte, wenn seine Gäste befangen und eingeschüchtert in Schweigen verfielen oder gar – wie bei dem Fürstentreffen mit Joseph II. in Neiße – vom Schlaf übermannt wurden. Nur die außerordentlich eigenwilligen und abstoßenden Tischmanieren des Königs verliehen der Monotonie dieser Gastmähler einen gewissen Unterhaltungswert. Am späteren Nachmittag fand Friedrich dann auch die Muße, um seine historischen und staatstheoretischen Reflexionen mit unablässiger Konsequenz weiterzuführen. Denn auch die letzten Lebensjahre sind eine Zeit intensiven Nachdenkens und äußerst produktiver Schriftstellerei. Sie reichen vom zweiten, noch einmal weit ausgreifenden *Politischen Testament* von 1768 über die Fortführung der *Histoire de mon temps* bis zu seinen zahlreichen militärischen Unterweisungsschriften. Sie alle zusammen müssen als das Vermächtnis des Königs an seinen Thronfolger verstanden werden. Besonders die militärischen Instruktionen gelten als ein Appell, der im Gegensatz zu seinem eigenen Führungsstil nichts mehr der Intuition des Augenblicks oder dem Charisma des Feldherrn überlassen wollte, sondern jeden Handgriff und jedes Manöver in feste, immer starrer werdende Vorschriften zu fassen bestrebt war: Ancien Régime! Friedrich hatte offenbar jegliches Vertrauen in das spontane Selbstbehauptungsvermögen und den Ehrgeiz seiner Offiziere verloren und glaubte deshalb, für jede taktische Variante die allein gültige Lösung vorschreiben zu müssen. Gerade auch diese Instruktionen dokumentieren jene unerbittliche Strenge, die auch bei den Truppenmanövern, Standortinspektionen und Paraden üblich war und von den Beteiligten entsprechend gefürchtet wurde.

All das muss als Regression, als Verlust eines ehemals so stolzen Selbstbewusstseins gewertet werden. Vielleicht war es die Befürchtung, dass die Stellung Preußens im System der Mächte immer noch nicht sicher genug verankert war, vielleicht aber auch die Sorge um die militärische Inkompetenz des Thronfolgers, die den König zu seiner Reglementierungswut veranlasste. Sie führte jedenfalls zu einer Lähmung der am Beginn seiner Regentschaft so lebendigen und auch durch den König selbst inspirierten Weiterentwicklung der militärischen Potentiale – zu einer Stagnation, die dann zur Katastrophe der preußischen Armee bei Jena und Auerstedt zwei Jahrzehnte später beigetragen hat. Friedrich war von der Überzeugung durchdrungen, dass nur er den Fortbestand der Monarchie zu sichern befähigt war. Und da er als alles vorausplanender Autokrat auf den Thron gelangt war, glaubte er Vorsorge dafür treffen zu müssen, dass Preußen nach seinem Tode zur Wahrung territorialer Integrität gerüstet war.

Zu den schriftstellerischen Bemühungen des Königs ist im Übrigen anzumerken, dass er auch im fortgeschrittenen Alter von einer Auseinandersetzung mit den staats- und gesellschaftspolitischen Diskursen seiner Zeit nicht abließ. So verfasste er etwa im Jahre 1770 einen scharfsinnigen und engagierten Essay zu Holbachs im selben Jahr erschienener Schrift *Système de la nature*, einer radikalen Herrschaftskritik, in dem er noch einmal das ganze argumentative Arsenal seiner staatstheoretischen Überzeugungen aufbot, um die ihm leichtfertig und unhistorisch erscheinende Ablehnung der Monarchie als einzig bewährter Staatsform zurückzuweisen. Auch sein *Examen de l'Essai sur les préjugés* vom Juli 1770 und der immer wieder zu Recht als visionär gewürdigte *Essai sur les formes de gouvernement et sur les devoirs des souverains* aus dem Jahr 1777 gehören zu den grundsätzlichen, philosophisch überhöhten Äußerungen des Königs aus den letzten Lebensjahren.

Große Aufmerksamkeit erregte darüber hinaus sein Essay *De la littérature allemande* von 1780. Die Anregung zur Abfassung dieses Traktats gaben Gespräche mit seinen Schwestern, der Herzogin Charlotte von Braunschweig und Prinzessin Amalie, die den Bruder im Herbst 1780 besuchten. Mit ihnen führte er an der Mittagstafel ein Streitgespräch über die deutsche Literatur. Das veranlasste ihn, seine Gedanken zu einem Thema, das ihn seit der Kronprinzenzeit immer wieder beschäftigt hatte, in einer eher beiläufig wirkenden Briefform in Druck zu geben. Es handelt sich dabei um eine der wenigen Schriften des Königs, die ausdrücklich für den öffentlichen Diskurs bestimmt waren und auch entsprechende Beachtung fanden. Denn dieser Traktat löste in kurzer Zeit eine Flut von Annotationen, Kritiken und Gegenreden aus. Schon die Lebhaftigkeit, mit der über diese Herausforderung nachgedacht und diskutiert wurde, kann als Beleg dafür gelten, dass sich Grundlegendes in der deutschen Literatur verändert hatte.

Die Ausführungen des Königs dokumentierten einem großen Publikum, dass er die neueren, weit über den französischen Geschmack hinausgehenden Entwicklungen nicht wahrgenommen hatte. Alle literarischen Strömungen etwa, die mit einem Epochenbegriff wie «Sturm und Drang» nur angedeutet werden können und entsprechender Erläuterungen bedürften, hat er nicht gekannt. Aber auch Autoren wie Lessing, dessen Weg sich mit dem des Königs mehrfach gekreuzt hatte, wurden in dieser Bilanz nicht gewürdigt, von Schiller und Goethe (mit Ausnahme des *Götz von Berlichingen*) ganz zu schweigen. Alles deutet darauf hin, dass er von der Morgenröte der deutschen Poesie keine Notiz nahm und damit auch den Wandel nicht erfasste, der sich im Bereich des literarischen Sprachvermögens, vor allem aber in der Darstellung gesellschaftlicher Diskurse (*Die Leiden des jungen Werther*, *Kabale und Liebe* oder *Die Räuber*) in diesen Jahrzehnten vollzog. Unverkennbar ist demnach, dass Friedrich in Bezug auf die deutsche Literatur an seiner schon frühzeitig aus-

Adolph Menzel: Flötenkonzert (1852)

geprägten Aversion festhielt und immer wieder auf seinen alten Vorurteilen beharrte. Wichtiger als dieser an Borniertheit grenzende Eigensinn ist indessen die Frage, was der König mit dieser Schrift und ihrer überstürzten Veröffentlichung eigentlich bezweckte. Bereits in den Briefen – besonders an Voltaire und d'Alembert – wird immer wieder der Rückstand der deutschen Literatur gegenüber der französischen beklagt, zugleich aber die Gewissheit geäußert, dass eines Tages auch in Deutschland Sprache, Stil und Beredsamkeit wie in Frankreich aufblühen werden. Die schönen Tage unserer Literatur, äußerte er, seien noch nicht gekommen, aber sie stünden dicht bevor.

Ein offizielles Souper gab es im Tagesverlauf des Königs nach dem Siebenjährigen Krieg nur noch selten. Vielmehr widmete er sich abends der Musik und ließ sich, nachdem er seit dem Verlust der oberen Schneidezähne am Ende der siebziger Jahre nicht mehr selbst Flöte spielen konnte und zudem auf Opernbesuche verzichten musste, von einem kleinen Instrumentalensemble und ausgesuchten Gesangssolisten wie der berühmten Elisabeth Mara unterhalten. Gästen gewährte er nur mit seiner ausdrücklichen Zustimmung den Zutritt. Die vorzutragenden Arien und Kantaten pflegte er mit despotischem Eigensinn selbst auszuwählen und blieb dabei einem Repertoire verpflichtet, das ihm seit seiner Jugendzeit vertraut und maßgeblich durch die Hofmusik eines Quantz, Benda oder der Brüder Graun geprägt war. Im Übrigen ließ er sich abends auch aus den ihm wohlvertrauten Klassikern der Antike und des französischen *grand siècle* vorlesen.

Angesichts seines sich immer mehr verschlechternden Gesundheitszustandes fasste er den Entschluss, zusätzlich zu seinen Ärzten Cothenius und Selle, die er konsultierte, ohne sich an ihre Empfehlungen zu halten, den Schweizer Johann Georg von Zimmermann hinzuzuziehen. Ihm ging der Ruf einer medizinischen Kapazität von europäischem Rang voraus. Zimmermann traf am 23. Juni 1786 in Potsdam ein und erfuhr zu seiner Bestürzung, dass der König keinen anderen Beistand als den des Kammerhusaren Schöning hatte und sich im Übrigen selbst kurierte. Nach allem, was über den Lebenswandel Friedrichs überliefert ist, aß er gegen den Rat seiner Ärzte immer noch unmäßig und überdies Speisen, die auch nach dem Kenntnisstand des 18. Jahrhunderts seine nun immer häufiger auftretenden Brechanfälle und Koliken hervorrufen mussten. Zimmermann berichtet, dass er neben einem alten, federgeschmückten Hut auch Stiefel trug und die fürchterlich geschwollenen Beine auf einen Hocker legte. Das Gesicht und die Hände waren mager und dürr und von einer weißgelben Blässe, die Zimmermann «von der übelsten Bedeutung» erschien. Das Bild, das sich Zimmermann von Friedrichs Gesundheitszustand machen konnte, war eindeutig. Aber auch ihm gelang es trotz seiner Beredsamkeit nicht, den König von seiner Unbelehrbarkeit und Unvernunft abzubringen und zu einer Änderung seiner Ess- und Trinkgewohnheiten zu bewegen. So reiste Zimmermann nach einem kurzen Aufenthalt in Potsdam ab, ohne dem Patienten geholfen zu haben.

Am Morgen des 16. August konnte sich der König nicht mehr verständlich machen. Hustenattacken, unterbrochen von lautem Röcheln, wechselten mit längeren Ohnmachtszuständen. Der Kammerhusar Strützky hielt den im Sessel Sitzenden und ver-

suchte, den immer wieder in sich Zusammensinkenden aufzu-
richten, um ihm das Atmen zu erleichtern. Gegen zwei Uhr in der
Frühe trat der Tod ein. Hertzberg, der im Nebenzimmer mit
Doktor Selle, Goertz und Schwerin gewartet hatte, drückte dem
Entschlafenen die Augen zu und verständigte den Thronfolger.
Entgegen seinen Anweisungen wurde der König jedoch nicht auf
der Terrasse von Sanssouci beigesetzt, wohin er nach einer
schließlich auf der Burg Hohenzollern endenden Odyssee am
17. August 1991 doch noch überführt wurde, sondern auf Ge-
heiß des Thronfolgers an der Seite seines Vaters in der Gruft der
Garnisonkirche in Potsdam.

Sehr frühzeitig bereits hatte Friedrich als seine Grabstätte die
östliche Terrassenseite von Sanssouci bestimmt und schon in den
vierziger Jahren eine Gruft anlegen lassen – zu einem Zeitpunkt
also, als der Schlossbau noch gar nicht fertiggestellt war. Geplant war demnach eine Bestattung in freier Natur, wobei dem
König die Vorbilder einiger real existierender oder imaginärer,
vage erinnerter Grabmäler vor Augen standen. Unverkennbar
ist jedenfalls, dass ein Begräbnis im herkömmlichen Stil für ihn
von Anfang an und unter keinen Umständen in Betracht kam.
Was ist an diesem auch testamentarisch verfügten Bestattungs-
wunsch so eigenwillig gewesen, dass er unmittelbar nach dem
Ableben des Königs beiseitegeschoben wurde? Friedrich wollte
offenkundig auch in seinem Sterben und an seiner Bestattungs-
anordnung daran gemessen werden, dass er als «Philosoph»
gelebt und gehandelt hat. «Ich bin ein Philosoph am falschen
Ort», hatte er noch 1760 dem Marquis d'Argens anvertraut.
«Ich hätte dazu getaugt, das Leben eines Weisen zu führen. Ein
Dämon, der mir die Ruhe nicht gönnte, hat mich auf die große
Bühne der politischen Wechselfälle versetzt.» Diese Selbsteinschätzung war es demnach, die ihn Abschied nehmen ließ von
aller Prachtentfaltung, mit der sich die europäischen Dynastien
gerade aus Anlass von Leichenbegängnissen hoher Potentaten
zu umgeben pflegten. Er hat sich – wie viele zahlreiche Äußerungen und die Zurückgezogenheit seines Lebensstils bezeugen – an
Prinzipien orientiert, die zur Charakterisierung einer gewandel-
ten Herrschaftsauffassung mit der Aufklärung in Verbindung

gebracht worden sind; auf jeden Fall müssen sie aus einem aus-geprägt antihöfischen und antikirchlichen Affekt erklärt wer-den. Entsprechend wünschte er sowohl die Geistlichkeit wie die Familie von allem fernzuhalten, was sein Ableben und seine Beisetzung betraf. Beide Personenkreise hatten beim Tode des Vaters traditionsgemäß eine tragende Rolle gespielt und selbst-verständlich zu jenen gehört, die das Sterben und die Bestattung des Königs begleitet hatten.

Auch in der Ablehnung religiöser und familiärer Vereinnah-mung blieb sich Friedrich also treu und vermied es mit rigoroser Konsequenz, sich in die Tradition der *éclats*, der großen Auf-tritte, und der *pompes funèbres* zu stellen. Er entzog sich der zur Schau gestellten Würde und Erhabenheit des Sterbens, der *ars moriendi*, wie sie ihm aus den antiken Autoren oder dem Bestat-tungszeremoniell der französischen Könige in der altehrwür-digen Kathedrale von Saint-Denis nicht zuletzt durch die ent-sprechenden Kupferstichwerke vertraut gewesen sein muss. Er beharrte auf einem Status als Souverän, der sich einem eigenen Verhaltenskodex verpflichtet fühlte und das Gottesgnadentum, wie es auch in der protestantischen Herrscherlegitimation ver-ankert war, bewusst brüskierend in Zweifel zog. Kein Geist-licher, kein Familienmitglied, weder die Königin noch der Thron-folger, sollte ihm in seiner Sterbestunde beistehen, wie es der Kronprinz selbst beim Tod seines Vaters in erschütternder Weise erlebt hatte. Er wandte sich wie so häufig in seinem Leben von allen verwandtschaftlichen und religiösen Bindungen ab und bestand auf einem Ableben, das ohne jede Form der Selbststili-sierung an der Autonomie seiner philosophischen Grundüber-zeugungen festhielt.

Programmatisch erscheint im Übrigen, dass Friedrich den Odem, der ihm verliehen worden war, nicht einem Schöpfergott zu verdanken glaubte, sondern einer wohltätigen Natur. Und so war er auch mit stoischem Gleichmut bereit, seinen Leichnam den «Elementen», die ihn erschaffen hatten, wieder zurückzu-geben. Jeder Bezug auf einen Offenbarungsglauben war in sei-nem Bewusstsein also getilgt. So erschien es konsequent, wenn er in der freien Natur und nicht – wie in der Regel auch im

Hause Hohenzollern üblich – in geweihter Erde oder in der Fürstengruft einer Kirche beigesetzt werden wollte. Sicherlich stammte das Motiv seines Beisetzungswunsches noch nicht aus einem neuen, elegischen Naturgefühl wie etwa beim Grabmonument Jean-Jacques Rousseaus († 1778) auf der Pappelinsel von Ermenonville. Gleichwohl ist an dieser Verfügung einer unspektakulären Bestattung unter freiem Himmel eine Regression ins Private erkennbar. Sie bedeutete für einen König von Preußen – ob bewusst oder unwillkürlich – den Abschied von der die abendländische Monarchiegeschichte prägenden Vision von den «zwei Körpern des Königs» (Ernst Kantorowicz), der zufolge der eine als irdische Kreatur aus dem Leben scheidet, dem anderen aber eine öffentliche Funktion auch über den Tod hinaus zugedacht ist. Diesem letzteren kam es zu, die Kontinuität und Unantastbarkeit des *ius divinum* unabhängig vom Schicksal eines einzelnen Individuums zu manifestieren. «Dignitas non moritur»: Das war eine auch frühneuzeitlichen Staatstheoretikern und Theologen noch vertraute Vorstellung. Ein Bruch mit dieser Tradition ist unverkennbar und war offensichtlich intendiert.

Überliefert ist, dass Friedrich Wilhelm, der neue König, noch am Todestage Friedrichs die unterirdische Gruft auf der Terrasse des Schlosses Sanssouci besichtigt habe und von der Enge, dem Unrat und den Särgen einiger der königlichen Hunde so ernüchtert war, dass er ein öffentliches Leichenbegängnis und eine Bestattung seines Vorgängers in würdigerem Rahmen anordnete. Der Zugang zur Gruft geriet schließlich in Vergessenheit, wurde am Ende zugedeckt und stürzte danach mehrfach ein. Die Beisetzungspläne Friedrichs wurden demnach augenblicklich verworfen und erst 1991 wieder aufgegriffen. Bei der Trauerfeier verfuhr man auf Anordnung des Thronfolgers ganz nach dem Herkommen, also nach einem Ritual, das der Verstorbene ausdrücklich zu verhindern versucht hatte. So wurde sowohl das Stadtschloss als auch die Garnisonkirche, wohin der Leichnam überführt werden sollte, mit entsprechenden Trauergerüsten ausgestattet. Die Exequien wurden nach einem mit allen militärischen Ehren vollzogenen Trauergeleit in der Garnisonkirche abgehalten und überall in allen Pfarrkirchen des Landes Gedächtnisgottesdienste angeordnet.

Alles entsprach also Konventionen, wie sie auch in Brandenburg-Preußen tief verwurzelt waren. Es hat den Anschein, als wenn zwischen der königlichen Familie und ihren geistlichen und weltlichen Ratgebern einschließlich der Künstler, die sich der Trauerdekoration anzunehmen hatten, keinerlei Dissens bestanden habe. Man vertraute sich einem Zeremoniell an, wie es bei den *pompes funèbres* europäischer Potentaten üblich war und durch zahlreiche Bilddokumente auch nachvollzogen werden konnte, selbst von Friedrichs wenig spektakulärer Aufbahrung und den anschließenden Beisetzungsfeierlichkeiten sind solche Stiche überliefert. Der Philosoph von Sanssouci hatte sich als der Vertreter einer neuen Auffassung königlicher Würde verstanden. Nach seinem Tod wurde er jedoch zurückversetzt in eine Welt, die die alte Ordnung zu bewahren versuchte.

Wie immer nun eine Bilanz von Leben und Werk des Preußenkönigs ausfallen mag: Unbestreitbar ist, dass es keinen unter den Herrschern seiner Zeit und keinen unter den Preußenkönigen gegeben hat, der mit einer solchen Fülle außerordentlicher Talente begabt war. So sind die Auseinandersetzungen um das Schicksal und die Bedeutung seiner Persönlichkeit immer wieder darauf zurückzuführen, dass er von den Zeitgenossen wie von der Geschichtsschreibung als ebenso facettenreich wie widersprüchlich wahrgenommen wurde und insofern ein Bild vermittelt, das je nach Blickwinkel, Vorverständnis und jeweiliger Instrumentalisierungsabsicht Bewunderung oder Missachtung hervorruft.

Schon die Betrachtung der verschiedenen Lebensstufen wirft eine Fülle von Problemen auf. Während dem Kronprinzen im Konflikt mit dem bedingungslose Unterwerfung fordernden Vater Anteilnahme und Sympathie zuteilgeworden sind und der Musenhof in Rheinsberg in der Aura epikureischer Heiterkeit und ungetrübter Lebensfreude erschien, wurde mit dem Herrschaftsantritt, dem Schlesienabenteuer und der gleichzeitigen Veröffentlichung des *Antimachiavell* eine Diskrepanz im Denken und Handeln des Königs sichtbar, die sein Erscheinungsbild nachhaltig getrübt hat. Auch die zweifellos bewundernswerte Selbstbehauptung des *roi connétable* im Siebenjährigen Krieg ist schon von den Zeitgenossen ebenso heroisiert wie mit Abscheu betrachtet worden. Erst mit dem «Alten Fritz» verklärt sich noch einmal das Bild des Königs, bevor dann die Illustrationen, Historiengemälde und Porträts von Daniel Chodowiecki, Anton Graff, Adolf Menzel und Carl Röchling/Richard Knötel Entscheidendes dazu beigetragen haben, den Mythos des weisen und gütigen Staatsdieners und unermüdlich sorgenden Landesvaters für Generationen zu begründen.

Auch die unendlich vielfältigen Gebiete kulturellen und wissenschaftlichen Mäzenatentums, auf denen sich Friedrich schon als Kronprinz und als König bis ins hohe Alter hervorgetan hat, sind euphorisch gewürdigt worden. Allerdings hat ihm sein literarischer Geschmack den Vorwurf eingetragen, ein ausschließlich auf die französische Klassik fixierter Eklektiker und Traditionalist gewesen zu sein. Auch hat man eingewandt, er habe im Bereich der Musik und Architektur weder Originelles noch Zukunftweisendes geschätzt und gefördert. Vielmehr habe er als typischer Vertreter des Ancien Régime zu gelten und sei bei aller Eigenwilligkeit dem Kanon althergebrachter Kunstbetätigung verpflichtet geblieben. Einer solchen, gegensätzliche Aspekte betonenden Sicht kann prinzipiell nicht widersprochen werden. Allerdings sollte nicht außer Acht gelassen werden, dass sich solche Urteile auf Bereiche beziehen, denen Friedrich sich eher spielerisch und vor allem zu seiner Zerstreuung gewidmet hat. Der einzigartige Rang jedoch, der Friedrich dem Großen unter den Herrschern des 18. Jahrhunderts im Allgemeinen und den der Preußenkönige im Besonderen gebührt, liegt auf einem anderen Gebiet. Denn kein anderer hat sich so intensiv und grundsätzlich wie er mit dem Wesen und den Grundprinzipien einer dem Zeitalter aufgeklärter Rationalität verpflichteten Fürstenherrschaft auseinandergesetzt. Dabei ist sicherlich nicht zu übersehen, dass es immer wieder tiefe Brüche zwischen seiner in unerbittlich genauen Quellenstudien erarbeiteten Herrschaftsauffassung und seinem rigorosen, in elementarer Weise machtorientierten Handeln als Staatsmann und Feldherr gegeben hat.

Unverkennbar ist gleichwohl, dass sich Friedrich von frühen Schriften und dem *Antimachiavell* bis zu seinen Grundsatz-reflexionen über *Regierungsformen und Herrscherpflichten* von 1777 mit großer Beharrlichkeit Rechenschaft darüber abzulegen versucht hat, welche Verantwortung ein unumschränkt regierender Fürst zu übernehmen hat. Auch an seinen Geschichtswerken, seinen beiden großen *Politischen Testamenten* und der Fülle seiner Instruktionen und Lehrschriften lässt sich ablesen, wie sehr er bestrebt war, im Sinne eines aufgeklärten Pragmatismus Schlussfolgerungen sowohl aus der Geschichte als auch aus der eigenen Erfahrung zu ziehen. Gewiss spielten dabei auch autobiographische Aspekte und gelegentlich hochgesteckte literarische Ambitionen eine Rolle. Aber über die persönlichen Impulse hinaus vermochte er die grundlegenden Reformanstöße seiner Zeit in Bereichen wie der Staatslehre, des Justizwesens oder der Kriegswissenschaft wie kein anderer zu erfassen und sie praktisch umzusetzen. Und darin liegt nicht nur etwas Neues, sondern wirkliche Größe und der unbestreitbare Rang dieses Herrschers.

Über den hemmungslosen, durchaus persönlich motivierten Expansionsdrang seiner ersten Regierungsjahre hinaus ist er schließlich in eine Herrschaftsauffassung hineingewachsen, die sich hingebungsvoll und uneigennützig an den Erfordernissen der preußischen Monarchie orientierte. Er ließ keine Abweichung von einem durch Staatsräson und Mäßigung vorgezeichneten Weg mehr zu. Je mehr ihm in den Feldzügen der Schlesischen Kriege bewusst wurde, welche weitreichenden Konsequenzen mit seinem Zugriff auf Schlesien verbunden waren, desto entschiedener begriff er sein Herrscheramt als eine Aufgabe, die ihm harte Pflichten und ein hohes Maß an Selbstentäußerung auferlegte. Sein Handeln galt nun nicht mehr persönlicher Ruhmbegierde, sondern der Bewahrung des mühsam und unter hohen Opfern Erreichten. Zwar nahm Friedrich im Bewusstsein uneingeschränkter Omnipotenz nach wie vor für sich in Anspruch, allein und ohne Mitsprache von Ständevertretern oder Etatministern darüber zu befinden, was dem Staatszweck im Allgemeinen und der Wohlfahrt der Untertanen im Besonderen zuträglich sei. Aber anders als die Repräsentanten des klassischen Absolutismus ließ er sich nach der Weichenstellung von 1740 in Dienst nehmen von Prinzipien, die ihn auf den Weg einer nüchternen und kalkulierbaren Politik führten. Denn die Person des Königs wurde nun nicht mehr einfach mit dem Staat gleichgesetzt, wie es dem Selbstverständnis eines Ludwig XIV. entsprochen hatte, sondern ließ sich unter dem unabweisbar eingeforderten Postulat aufgeklärter Rationalität darauf verpflichten, dem Staat zu dienen.

Bibliographie

I. Quellen

Kurz nach dem Tode Friedrichs des Großen erschien die erste Gesamtausgabe seiner Schriften in 15 Bänden, die allerdings nur Bruchstücke dessen enthielt, was er an Texten und Korrespondenzen hinterlassen hat (Œuvres de Frédéric, Berlin 1788). Es folgten auf diese Ausgabe dann zahlreiche Nachdrucke und Übersetzungen (vor allem Friedrich II. Königs von Preußen hinterlassene Werke, 15 Bde., verschiedene, auch fiktive Verlagsorte. 1788–1789), bevor in den Jahren 1846 bis 1857 die erste kritische Gesamtausgabe der Werke in 30 Bänden, hrsg. von *Johann David Erdmann Preuß*, erschien. Verdient gemacht haben sich um die Erschließung einzelner, noch unzureichend edierter Werkkomplexe auch Reinhold Koser (Briefwechsel mit Grumbkow und Maupertuis, Leipzig 1898), R. Koser und Hans Droysen (Briefwechsel mit Voltaire, 3 Bde., Leipzig 1908–1911) und später vor allem Gustav Berthold Volz. Auf der Grundlage dieser Texte erschien zum zweihundertsten Geburtstag des Königs eine opulent ausgestattete, um Abbildungen bereicherte Werkausgabe in deutscher Übersetzung (Die Werke Friedrichs des Großen, hrsg. von *Gustav Berthold Volz*), die neben der Edition von Preuß bis heute maßgeblich geblieben ist. Daneben sind in meist vaterländisch-ehrerbietiger Absicht zahlreiche Werkanthologien und Nachdrucke von Einzelschriften vorgelegt worden, die in den letzten Jahrzehnten allerdings weitgehend aus den Verlagsprogrammen verschwunden sind. Geplant ist jetzt eine zweisprachige, auf 10 Bände angelegte «Potsdamer Ausgabe», hrsg. von Brunhilde Wehinger, von der bislang aber nur ein Bd. 6 mit den Philosophischen Schriften des Königs (Berlin 2007) erschienen ist. Im Ausland sind zwei wissenschaftlich bedeutsame Editionen vorgelegt worden, so eine kritische Ausgabe des «Antimachiavell», ed. par *Werner Bahner* et *Helga Bergmann*, Oxford 1996, und die «Correspondance de Frédéric II avec Louise-Dorothée de Saxe-Gotha (1740–1767)», ed. par Marie-Hélène Cotoni, Oxford 1999. Quellengrundlage aller Friedrichstudien ist ferner die großangelegte, aber unvollendet gebliebene Edition «Politische Correspondenz Friedrichs des Großen» (46 Bde., Berlin 1879–1939). Erst kürzlich ist ein weiterer Band dieser Reihe (Köln – Weimar – Wien 2003) hinzugekommen, der bis zum Dezember 1782 reicht.
Alle diese Quelleneditionen und Werkanthologien und die Sekundärliteratur bis zum Jubiläumsjahr 1986 sind systematisch erfasst bei *Herzeleide* und *Eckart Henning*, Bibliographie Friedrichs des Großen, 1786–1986. Das Schrifttum des deutschen Sprachraums und der Übersetzungen aus Fremd-

sprachen, Berlin-New York 1988. Einen enzyklopädischen Überblick über Preußen im 18. Jahrhundert bietet *Jürgen Ziechmann* (Hrsg.), Panorama der Friderizianischen Zeit. Friedrich der Große und seine Epoche. Ein Handbuch, Bremen 1985.

2. Monographien und Sammelbände

Berney, Arnold, Friedrich der Große. Entwicklungsgeschichte eines Staatsmannes [bis 1755], Tübingen 1934.
Duffy, Christopher, Friedrich der Große. Ein Soldatenleben, Zürich-Köln 1986.
Giersberg, Hans-Joachim, Friedrich als Bauherr. Studien zur Architektur des 18. Jahrhunderts in Berlin und Potsdam, Berlin 1986.
Hauser, Oswald (Hrsg.), Friedrich der Große in seiner Zeit, Köln-Wien 1987.
Heinrich, Gerd, Friedrich II. von Preußen. Leistung und Leben eines großen Königs, Berlin 2009.
Hinrichs, Carl, Der Kronprinzenprozeß. Friedrich und Katte, Hamburg 1936.
Hohenzollern, Johann Georg Prinz von (Hrsg.), Friedrich der Große. Sammler und Mäzen, München 1992.
Koser, Reinhold, Geschichte Friedrichs des Großen, 4 Bde., Nachdruck der 6. und 7. Aufl. von 1925, Darmstadt 1963.
Kunisch, Johannes, Friedrich der Große. Der König und seine Zeit, 5. Aufl., München 2005.
Ders., Friedrich der Große in seiner Zeit. Essays, München 2008.
Mervaud, Christiane, Voltaire et Frédéric II: une dramaturgie des Lumières 1736–1778, Oxford 1985.
Mittenzwei, Ingrid, Friedrich II. von Preußen. Eine Biographie, Berlin-Köln 1980.
Mönch, Walther, Voltaire und Friedrich der Große, Stuttgart-Berlin 1943.
Schieder, Theodor, Friedrich der Große. Ein Königtum der Widersprüche, Berlin 1983.
Schilling, Lothar, Kaunitz und das Renversement des alliances. Studien zur außenpolitischen Konzeption Wenzel Antons von Kaunitz, Berlin 1994.
Schlenke, Manfred, England und das friderizianische Preußen 1740–1763. Ein Beitrag zum Verhältnis von Politik und öffentlicher Meinung im England des 18. Jahrhunderts, Freiburg-München 1963.
Seidel, Paul, Friedrich der Große und die bildende Kunst, 2. Aufl., Leipzig-Berlin 1924.
Skalweit, Stephan, Frankreich und Friedrich der Große. Der Aufstieg Preußens in der öffentlichen Meinung des «ancien régime», Bonn 1952.
Spranger, Eduard, Der Philosoph von Sanssouci, 2. Aufl., Heidelberg 1962.
Treue, Wilhelm (Hrsg.), Preußens großer König. Leben und Werk Friedrichs des Großen. Eine Ploetz-Biographie, Freiburg-Würzburg 1986.
Zeller, Eduard, Friedrich der Große als Philosoph, Berlin 1886.

Zeittafel

Tod Kaiser Karls VII. – Friede von Dresden: Österreich bestätigt Preußen im Besitz von Schlesien gegen die Anerkennung Franz Stephans von Lothringen, des Gemahls Maria Theresias, als Kaiser Franz I. – Ende des Zweiten Schlesischen Krieges – Baubeginn von Schloss Sanssouci

1746   Erneuerung des österreichisch-russischen Bündnisses von 1726 mit gegen Preußen gerichteten Geheimabsprachen

1748   Friede von Aachen, der die Besitzergreifung Schlesiens durch Preußen auch international bestätigt

1752   Erstes «Politisches Testament» des Königs

1753   Wenzel Anton von Kaunitz wird österreichischer Staatskanzler und damit Leiter der österreichischen Außenpolitik

1756   Westminsterkonvention zwischen Preußen und England, die das *renversement des alliances* und damit die große Koalition der Gegner Preußens nach sich zieht – Beginn des Siebenjährigen Krieges – Einmarsch Friedrichs in Sachsen – Schlacht bei Lobositz in Böhmen (1. Oktober)

1757   Offensivallianz zwischen Österreich und Frankreich (Versailler Vertrag), der auch Russland und Schweden beitreten – Schlacht bei Prag (6. Mai) und bei Kolin (18. Juni) – Niederlage der hannoversch-britischen Observationsarmee unter dem Herzog von Cumberland bei Hastenbeck – Rückzug der preußischen Armee aus Böhmen – Schlacht bei Roßbach (5. November) und bei Leuthen (5. Dezember)

1758   Subsidienvertrag zwischen Preußen und Großbritannien – Russische Truppen besetzen Ostpreußen – Schlacht bei Zorndorf (25. August) und bei Hochkirch (14. Oktober)

1759   Schlacht bei Kunersdorf (12. August)

1760   Tod des englischen Königs Georgs II. – Schlachten bei Liegnitz (15. August) und Torgau (3. November)

1761   Friedrich behauptet sich im Lager von Bunzelwitz – Rücktritt des britischen Außenministers William Pitt d. Ä. – Abkehr Großbritanniens von Preußen

1762   Tod der russischen Zarin Elisabeth Petrowna (5. Januar) – Friedens- und Bündnisvertrag mit dem Thronfolger Zar Peter III., der nach dessen frühem Tod auch von seiner Gemahlin Katharina II. bestätigt wird

1763   Die Friedensschlüsse von Paris (Spanien, Portugal, Frankreich und Großbritannien, 10. Februar) und Hubertusburg (Österreich, Preußen und Sachsen, 15. Februar) beenden den Siebenjährigen Krieg. Während der territoriale Status quo ante auf dem Kontinent wiederhergestellt wird, kommt es in Übersee zu beträchtlichen Gebietsgewinnen Großbritanniens auf Kosten Frankreichs

1764   Bündnis zwischen Preußen und Russland, 1769 bestätigt

1765   Kaiserwahl Josephs II. in der Nachfolge seines Vaters Franz I.

1768   Zweites «Politisches Testament» des Königs

1769/70   Zusammenkünfte Friedrichs mit Kaiser Joseph II. in Neiße und – zusammen mit Kaunitz – in Mährisch-Neustadt

1771   Österreichisch-Preußische Sondierungen über die Möglichkeiten einer Teilung Polens

1772   Vertragsverhandlungen zwischen Österreich, Preußen und Russland besiegeln die erste Teilung Polens

1778/79   Bayerischer Erbfolgekrieg zwischen Österreich und Preußen zur Verhinderung bayerisch-österreichischer Tauschpläne – Nach ergebnislosem Kriegsverlauf Friede von Teschen unter Garantieerklärungen Frankreichs und Russlands

1780   Tod Maria Theresias (29. November) – Alleinherrschaft Josephs II. († 1790)

1781   Allianz zwischen Österreich und Russland

1785   Gründung des Deutschen Fürstenbundes als Gegengewicht zu den österreichischen Expansionsplänen

1786   Tod Friedrichs des Großen (17. August) und Herrschaftsantritt seines Neffen Friedrich Wilhelms II.

Bildnachweis

Stammtafel der Hohenzollern

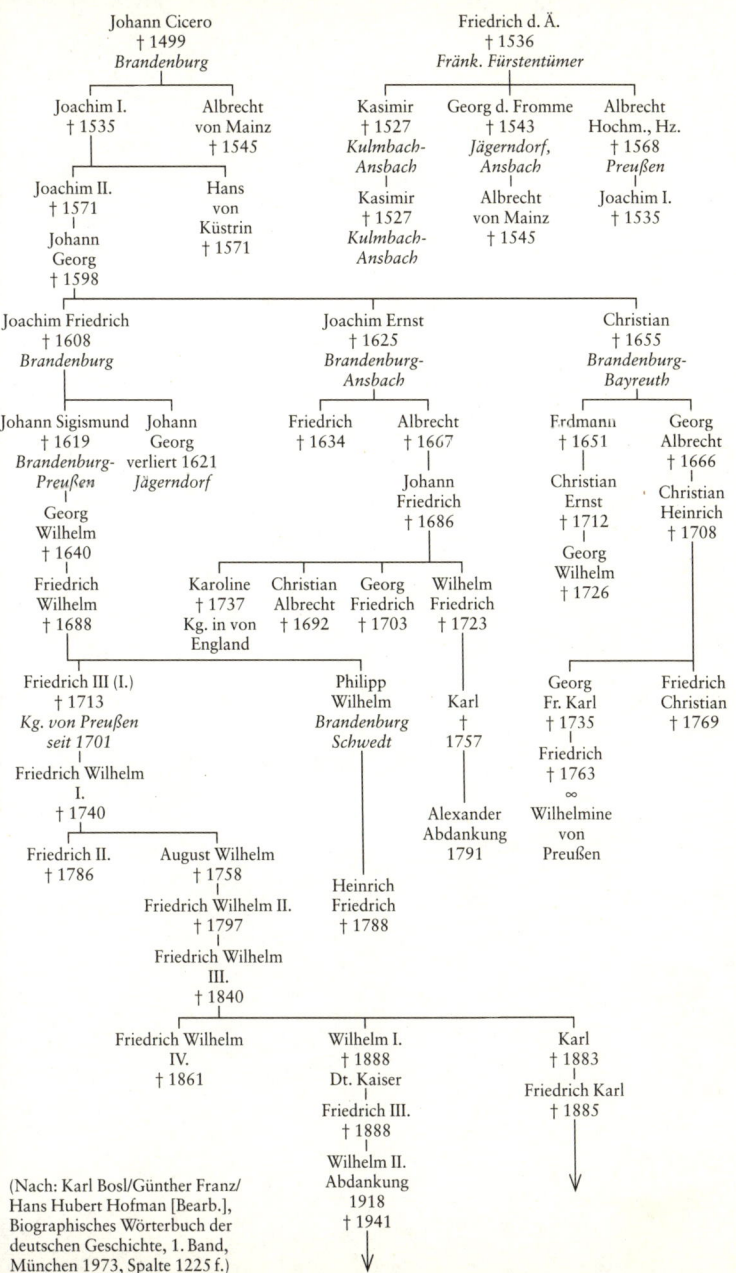

(Nach: Karl Bosl/Günther Franz/
Hans Hubert Hofman [Bearb.],
Biographisches Wörterbuch der
deutschen Geschichte, 1. Band,
München 1973, Spalte 1225 f.)

Personenregister

Nicht aufgenommen wurden die Stichworte Friedrich II. (der Große) und Friedrich Wilhelm I. Im Text erwähnte Autoren sind kursiv gesetzt.

C.H.BECK ✚ WISSEN

in der Beck'schen Reihe

Zuletzt erschienen: